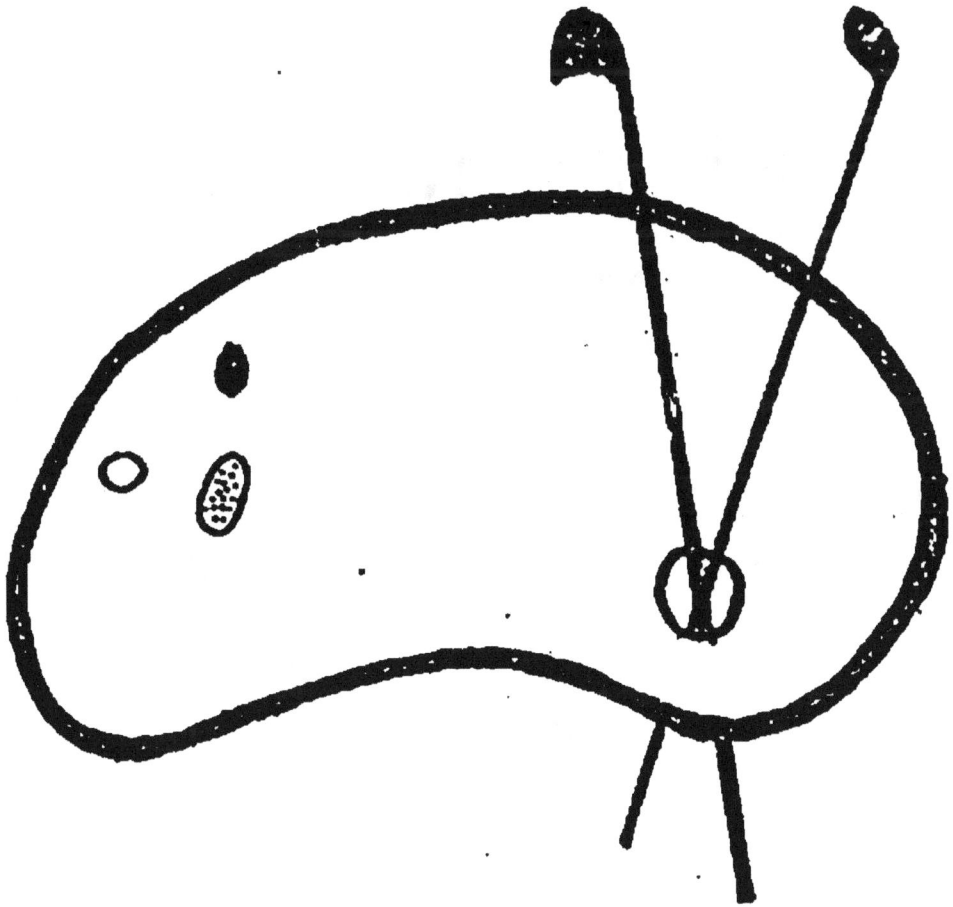

COUVERTURE SUPERIEURE ET INFERIEURE
EN COULEUR

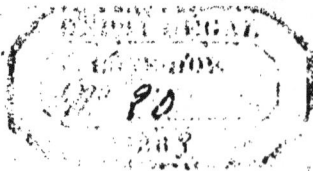
ESSAI

SUR LES

ARGUMENTS DU MATÉRIALISME

DANS LUCRÈCE

PAR

J.-B. ROYER

PROFESSEUR DE LITTÉRATURE LATINE A LA FACULTÉ DES LETTRES
DE DIJON

DIJON

IMPRIMERIE DARANTIERE

RUE CHABOT-CHARNY, 65

1883

IMPRIMERIE
DARANTIERE
DIJON

RUE CHABOT - CHARNY.
DIJON
CÔTE - D'OR

ESSAI

SUR LES

ARGUMENTS DU MATÉRIALISME

DANS LUCRÈCE

ESSAI

SUR LES

ARGUMENTS DU MATÉRIALISME
DANS LUCRÈCE

PAR

J.-B. ROYER

PROFESSEUR DE LITTÉRATURE LATINE A LA FACULTÉ DES LETTRES
DE DIJON

SPES IN LABORE

DIJON

IMPRIMERIE DARANTIERE

RUE CHABOT-CHARNY, 65

1883

ESSAI

SUR LES

ARGUMENTS DU MATÉRIALISME

DANS LUCRÈCE

1

Intérêt philosophique et poétique du matérialisme.

On range habituellement Lucrèce parmi les plus grands poètes; parfois même on le place au-dessus de Virgile. On vante le charme infini de sa poésie, mais on fait des réserves sur le fond de sa doctrine. Sa philosophie, dit-on, est faible; elle a été « mille fois réfutée »; elle a nui à l'auteur, elle a refroidi son génie, etc. Une restriction si grave s'accorde mal avec un éloge si complet. Il y a là une sorte de contradiction. Un poète du premier ordre a nécessairement l'inspiration soutenue, et la pensée non moins forte que brillante. Mais on ne s'élève pas haut dans le vide et sans le secours de la vérité. Un écrivain ne saurait, en nous charmant, nous laisser le droit et la liberté de dire qu'il se trompe ou qu'il déraisonne; car notre imagination résiste à toutes les séductions du style dès que notre bon sens murmure. Fût-il dans l'erreur, l'homme de génie sait nous faire admirer ses arguments et les belles apparences que l'erreur a dû prendre pour le tromper. Nous pouvons donc affirmer, au nom de vingt siècles de gloire, que Lucrèce n'a pu être dans le même ouvrage grand poète et penseur médiocre. Une argumentation faible n'aurait jamais été suffisamment rachetée par une versification brillante; une inspiration intermittente qui éclaterait çà et là dans quelques épisodes n'aurait pas produit un des chefs-d'œuvre de l'esprit humain. Si Lucrèce n'enseignait une doctrine solide et sérieuse, il brillerait à peine au second rang ; sa gloire se bornerait à fournir quelques belles pages aux recueils de morceaux choisis; il n'aurait pas composé une de ces œuvres qui provoquent le plus de pensée et excitent le plus d'émotion. Il deviendrait difficile d'expliquer cette autorité qui semble croître d'âge en âge et faire de Lucrèce le poète favori des générations sérieuses.

On plaint aussi Lucrèce d'avoir si mal employé un si beau génie; on va répétant que le matérialisme est une doctrine sèche, une matière ingrate pour un poète; on se plaît à croire que Lucrèce eût été plus grand dans un sujet plus avantageux. Que n'eût-il pas fait s'il eût célébré les pieuses vérités du spiritualisme ! On relève çà et là quelques traits de spiritualisme, et l'on étudie, comme M. Patin, l'Anti-Lucrèce dans Lucrèce, non sans regretter de l'y trouver si rare. Nous ne saurions partager cette manière de voir. Loin de croire le matérialisme incompatible avec la poésie, nous sommes convaincus que cette philosophie a beaucoup d'attrait pour l'imagination ; nous ajouterions volontiers que cet attrait est sa force principale. On a pu contester la morale et la logique du matérialisme, mais il faut lui accorder la poésie. Nous pourrions rappeler que de notre temps la muse française doit au matérialisme ses inspirations les plus hautes et les plus sincères.

Sans doute, comme le dit Voltaire, on ne peut comprendre « que cette montre existe et n'ait pas d'horloger. » Mais supposons un instant que la montre se soit faite elle-même ; que ces rouages naissent spontanément de la matière inerte, et, qu'en vertu de certaines affinités, ils se cherchent, se rapprochent, se saisissent et fonctionnent de manière à marquer les heures ; la montre ainsi formée sera bien plus intéressante que la petite machine composée laborieusement par un horloger. Or Lucrèce et les matérialistes attribuent à l'univers l'origine que nous supposons momentanément à la montre. La raison pourra protester, mais l'imagination se plaira évidemment dans ce monde enchanté ; ce n'est pas elle qui réclame l'horloger.

Lucrèce ne traitait donc pas une matière si ingrate : son sujet était digne de son génie. Du reste, un grand génie, en raison même de sa grandeur, ne saurait féconder une matière stérile. Ce travail misérable qui consiste à forcer la nature d'un sujet, à dissimuler, sous les ornements, la pauvreté du fond, réussit peut-être aux esprits très médiocres, mais rebuterait sur-le-champ un poète véritable. Tout le monde ne peut pas voir la grandeur d'un sujet, mais personne ne la trouve, et les grands génies ne la cherchent que là où elle existe véritablement. Si le poème de la nature est une des grandes œuvres de l'esprit humain, soyons-en persuadés, c'est que le sujet du poète était une des grandes pensées de l'humanité. Dans le cas contraire, Lucrèce aurait été moins capable que personne de faire illusion. Il n'était certainement pas de ces esprits raffinés et patients qui brillent dans le colifichet littéraire, et, s'il nous attache et nous pénètre, c'est qu'il a quelque chose de sérieux à nous dire. Il saisit en effet toute la force du matérialisme, il la met en lumière. Aux arguments que cette philosophie emploie, il sait joindre les sentiments qu'elle inspire. Parmi ces arguments, il y en a de forts ; parmi ces sentiments, il y en a de tristes, et c'est ce qui donne à son œuvre ce caractère sérieux qui la rend chère aux penseurs ; c'est ce qui répand sur le tout cette teinte de mélancolie que l'on a pu prendre, mais à tort, pour une trace de spiritualisme. Il professe un matérialisme sans mélange, sans réserve et sans regret, et c'est à ce matérialisme franc, sincère, hardi, qu'il doit sa puissante originalité.

Le matérialisme, on le sait, consiste essentiellement à dépouiller la cause première de volonté et d'intelligence. Il observe la nature pour y découvrir les forces spontanées qui doivent remplacer le créateur personnel et les imperfections qui dénoncent l'aveuglement de la cause première. Il acquiert ainsi, dans les sciences physiques, une autorité qui donne du poids à ses opinions en métaphysique. L'objet particulier de ses attaques est cette théorie des causes finales qui reste encore, tout bien compté, la meilleure preuve de l'existence de Dieu. On aurait tort de dédaigner le matérialisme : c'est un système extrêmement sérieux. Il s'appuie au fond sur ce principe apparemment incontestable que l'être éternel est indéterminé *à priori*, que rien ne nous oblige à le concevoir d'une manière plutôt que d'une autre ; l'observation seule trace une limite à la liberté des hypothèses sur l'origine des choses. Or, que nous montre l'observation ? Des corps étendus, généralement bruts, et, par exception, organisés et vivants. En conséquence, nous considérons la cause première comme matérielle, et nous attribuons à la matière la faculté de produire des corps bruts ou vivants. Si toutes les hypothèses sont libres, la plus raisonnable sera celle qui mettra le moins de distance entre la cause et l'effet. Si aucune conception de l'être éternel ne s'impose, la plus simple sera donc la meilleure ; or, quoi de plus simple que de concevoir l'être primitif comme le commencement de l'existence actuelle ? La réalité que nous avons sous les yeux est après tout notre meilleure source d'information. La philosophie qui la considère comme un moment de l'être éternel est *a priori* aussi vraisemblable et *a posteriori* plus vraisemblable que toute autre. Il faut bien que le premier être soit doué de propriétés immuables et fatales. Pourquoi ces propriétés ne seraient-elles pas précisément celles qui se manifestent dans la nature ? A quoi bon en rêver de plus parfaites, dont nous décorons un Dieu imaginaire ?

Le spiritualisme, il est vrai, se défend par son ancienneté ; le premier homme qui s'interrogea sur l'origine du monde dut l'attribuer à une puissance et à une intelligence invisible ; par sa vraisemblance : un effet quelconque, et surtout un effet comme la création du monde, exige une cause qui le précède et le surpasse ; par sa conformité avec nos désirs : nous aimons à croire qu'une providence s'occupe de nous ;

par sa moralité enfin : la crainte d'offenser la divinité
contribue à nous éloigner du mal, et le désir de lui
plaire nous retient quelquefois dans le bien. Mais,
d'autre part, le matérialisme peut invoquer : 1° sa
simplicité : il n'a pas besoin d'admettre deux modes
d'existence, le surnaturel et le naturel, l'un perçu par
les sens, l'autre conçu par l'imagination, l'un démontré par les faits, l'autre supposé pour la satisfaction de
l'esprit et du cœur ; il s'enferme dans la réalité et
prétend qu'elle lui suffit ; 2° son accord apparent avec
les faits : la nature suit invariablement ses lois, indifférente au bien et au mal qu'elle produit ; 3° enfin,
sa complaisance pour les passions : il supprime ce
surveillant importun que le spiritualisme met jusque
dans notre cœur, il ne laisse subsister dans la nature
que des autorités d'origine naturelle. Aussi peut-on
dire que l'homme, après ce premier élan qui le porte
d'emblée jusqu'à Dieu, revient assez naturellement en
arrière, se demande si on ne pourrait pas écarter
cette hypothèse, expliquer le monde par le monde,
aujourd'hui par hier, et la suite des phénomènes par
des lois éternelles.

Si notre première pensée incline au spiritualisme,
l'opinion contraire est non moins nécessairement notre
seconde pensée et non moins constamment notre
arrière-pensée.

Cette arrière-pensée sort de l'ombre à certaines
époques où le spiritualisme perd ses alliées naturelles,
les croyances religieuses. Lucrèce vivait à une époque
de ce genre. Il écrivit son livre pour porter un dernier coup à l'édifice croulant du polythéisme ; il réunit
tous les arguments que le matérialisme invoquait

déjà et invoquera toujours. Ces arguments sont redoutables, non parce qu'ils sont ingénieux, mais parce
qu'ils sont humains et comme enracinés dans notre
esprit. On ne les aurait pas *réfutés mille fois* s'ils ne
se relevaient toujours. Lucrèce a donné la parole
à cette voix secrète qui murmure au fond de nos âmes
et oppose des négations à nos affirmations, une anti-
thèse à chacune de nos thèses ; il nous a enseigné
l'origine de nos doutes et de nos tristesses intellectuelles, il nous a montré la cause de l'infirmité de notre
esprit. De là l'intérêt de ce poème ; les morceaux
brillants ne sont que les plus profondément imprégnés
de la pensée générale, et il faut plus d'artifice pour les
détacher de l'ensemble qu'il n'en a fallu pour les y
rattacher. Inutile de chercher dans une œuvre si
pleine et si compacte des contradictions involontaires,
des mouvements de regret, des retours clandestins
vers le spiritualisme : il n'y en a point.

Notre temps ressemble, à beaucoup d'égards, au
temps de Lucrèce. Le spiritualisme traverse une crise
provoquée par l'ébranlement des croyances religieuses ; le matérialisme, au contraire, forme des alliances
redoutables avec les passions anarchiques. Pour sur-
croît d'inquiétude, la science quelquefois semble venir
au secours du matérialisme et confirmer ses théories
par des faits nouveaux. De là l'importance croissante
de Lucrèce. Nous trouvons dans son livre, spiritualistes, ce qui nous tourmente ; matérialistes, ce qui
nous enorgueillit. Nous le lisons avec nos préoccupa-
tions modernes et personnelles ; nous nous trouvons
naturellement, et sans aucun effort d'imagination,
dans la disposition d'esprit qui donne à cette lecture

l'intérêt d'un drame. C'est un drame en effet : le personnage dont la destinée s'agite, c'est chacun de nous, c'est l'homme que nous voyons s'abîmer dans le néant, avec ses prétentions à la vertu et ses rêves d'immortalité ; c'est l'homme dont nous disputons les espérances et les croyances spontanées à cette implacable logique. Un grand génie poétique donne à cette doctrine sérieuse une force et un attrait dont il est méritoire de se défendre.

Le caractère scientifique du poème, loin de nuire à l'intérêt, y contribue dans une proportion considérable. Personne n'oserait plus accuser la science de sécheresse et d'aridité. Le domaine de l'imagination se bornait autrefois à ce que perçoivent nos sens ; la science l'a étendu bien au-delà, soit vers l'infiniment grand, où elle décrit les mouvements des mondes, soit vers l'infiniment petit, où elle surprend les premières palpitations de la vie, dans l'atome et dans la molécule. Dans ces nouvelles régions, quel vaste champ pour l'imagination, c'est-à-dire pour la poésie ! Lucrèce, sans doute, n'est pas encore arrivé à la science, mais il en est déjà à ces opinions vraisemblables qui la précèdent et l'annoncent de près ; cette sorte de pré-science (qu'on nous permette cette expression), a déjà tout le charme de la science future si elle n'en a pas encore la sûreté. Elle s'appuie sur des observations qui nous sont familières, et non sur des expériences de cabinet ; c'est encore un avantage pour la poésie ; il n'y a pas une de ces descriptions qui ne réveille un souvenir personnel du lecteur et ne s'encadre, pour ainsi dire, naturellement dans son imagination. Aussi, loin de croire que Lucrèce

est grand poète, malgré son sujet, nous prétendons
qu'il doit beaucoup à son sujet; loin de demander
grâce pour ses descriptions scientifiques, nous les ju-
geons dignes d'admiration. Mais dans cet essai, qui
sera plus phiolsophique que littéraire, nous serions
heureux de montrer que le matérialisme sait fort bien
mettre l'imagination dans ses intérêts et que les
poètes sont excusables de le préférer à tout autre
système. Notre ambition suprème serait de prouver
que le matérialisme, s'il est attrayant, n'est pas irré-
sistible, et que l'étude de Lucrèce est pour le spiritualiste une épreuve fortifiante d'où il sort aguerri, mais
adouci par ce long commerce avec un adversaire honnête et vaillant.

II

Zèle de Lucrèce pour le matérialisme.

Commençons par relever dans Lucrèce un trait qui
lui est commun avec tous les matérialistes anciens et
modernes : c'est la passion véhémente qui l'anime
contre l'école opposée, c'est la confiance orgueilleuse
que lui inspire sa propre doctrine. Le matérialisme a
eu de tout temps l'humeur belliqueuse, précisément
parce qu'il a été souvent opprimé et condamné au silence. Cette passion, on devait le prévoir, fait perdre
à Lucrèce toute mesure dans la haine et dans l'admiration. D'abord il est visiblement injuste pour le polythéisme gréco-romain qui était alors la forme populaire du spiritualisme. Il reproche à cette religion
d'avoir attristé les âmes, d'avoir rempli l'imagination

de fantômes hideux et de visions révoltantes, mons-
tres de l'enfer, supplices du Tartare, etc. : il oublie
les Champs-Elysées. Le paganisme, comme le chris-
tianisme, avait aussi des espérances et réservait ses
terreurs pour les méchants; Lucrèce n'en présente
que le côté sombre, et l'on voit trop dans quel intérêt.
Mais il fait plus gravement injure à la vérité lorsqu'il
nous dépeint cette religion comme sanguinaire. Rien
de plus pathétique assurément que le sacrifice d'Iphigénie, tel qu'on le lit au commencement du premier
livre. Cette jeune fille que la nature avait faite
si belle, si heureuse, la religion la réclame pour
ses autels; c'est la nature qui est bienfaisante,
c'est la religion qui est impie. Soit. Mais une religion
qui n'avait pas versé de sang humain depuis la guerre
de Troie, ne méritait pas tant de colère; elle comptait
au moins dix siècles d'innocence dans sa longue histoire. Il est même permis de penser que jamais religion n'eut un caractère si pacifique et ne se contenta
si modestement de l'empire qu'elle exerçait sur les
imaginations et les âmes des fidèles. C'est peut-être
pour cette raison que nous gardons du paganisme un
si doux souvenir, et que nous continuons à goûter ses
légendes sévères ou gracieuses. En plein christia-
nisme, nous lisons avec délices des livres tels que
l'Iliade et l'Odyssée, et nous en écrivons d'autres tels
que le Télémaque. Notre imagination ne peut se détacher de cette religion que notre raison a condamnée
depuis longtemps, mais qui conserve le charme de la
jeunesse. Lucrèce lui reproche le meurtre d'Iphigénie :
qu'aurait-il dit des religions qui ont remplacé le paganisme soit en Orient, soit en Occident? Celles-ci, pré-

cisément parce qu'elles sont plus graves et se prennent au sérieux, ont une histoire autrement tragique.
Mais Lucrèce ne pardonnait pas à la religion romaine
d'ajouter aux peines de cette vie, dont il connaissait
toute la réalité, les terreurs d'une autre vie qu'il
croyait chimérique. Il lui pardonnait encore moins de
créer, à côté de la raison humaine, une autorité dis-
tincte, indépendante, qui pouvait un jour devenir
impérieuse. La religion n'était pas tellement subor-
donnée à l'autorité civile, dans l'antiquité, qu'on ne
pût prévoir et redouter son émancipation ; ces devins,
ces aruspices avaient une organisation particulière et
des livres où ils lisaient la volonté des dieux ; soumis
aux magistrats, ils faisaient parfois trembler les rois
de la terre; affranchis, ils gouverneraient l'humanité par
des maximes que la raison ne comprenait pas et
n'oserait juger. Tirésias n'était qu'endormi ; Lucrèce
craignait et peut-être même prévoyait son réveil.
« Malheureux, s'écrie-t-il, malheureux les humains,
d'avoir attribué de telles actions aux dieux et d'y avoir
ajouté des colères cruelles! Que de gémissements ils
se sont préparés à eux-mêmes, que de peines pour
nous, que de larmes pour nos descendants! »

Lucrèce est très fier de sa doctrine, et cette fierté
n'a rien de nouveau : elle est commune aux matérialistes de tous les âges. Le matérialisme, il est
vrai, rapproche l'homme de la bête, limite notre
destinée et rétrécit de toute part notre horizon ;
il semble qu'il devrait nous humilier : c'est le contraire qui a lieu ; les matérialistes, au moment
même où ils se ravalent au niveau de l'animal,
se flattent d'être déniaisés (le mot est de leur école).

Cette doctrine, en effet, supprime toute puissance
supérieure à l'homme, on fait le ciel vide et on pense
l'avoir conquis, *nos exæquat victoria cœlo!* cri de
triomphe que poussent invariablement les matérialistes de toutes les écoles. Avouons nous-mêmes que
le matérialiste a quelque raison d'être fier, s'il compte
les préjugés qu'il a fait taire, les liens qu'il a brisés,
les victoires qu'il a remportées sur les habitudes intellectuelles et sur les instincts de l'humanité. Il ne faut
pas lui envier cette satisfaction qui le dédommage, dans
une certaine mesure, de pénibles sacrifices. D'ailleurs,
dans Lucrèce, l'orgueil de secte prend une forme qui
le rend excusable et même sympathique. Il admire le
matérialisme dans la personne d'Epicure; il ne se
lasse pas de revenir sur la gloire de son maître. Epicure a trouvé le monde couvert de ténèbres; il a parlé,
et la lumière s'est faite aussitôt : « Dès que la raison
commence à parler par ta bouche, les terreurs de
l'âme se dissipent, les remparts du monde s'écartent;
je vois les choses se former dans l'immensité du
vide. » Un homme, comme Epicure, suffit à la gloire
d'une ville. Ce n'est même plus un homme, c'est un
dieu (1). Lucrèce pense que son maître a répandu la
parole de vie dont le monde éprouvait alors le besoin.
Alors, en effet, comme aujourd'hui, on se demandait
ce qui allait remplacer la religion des ancêtres : « Qui
de nous, qui de nous va devenir un dieu ? » et Lucrèce,
montrant Epicure, répondait avec confiance : « Notre
dieu, le voilà. » *Deus, Deus ille fuit!* Epicure était
venu nous apprendre à vivre ; Epicure avait éclipsé

_____

(1) Liv. V, 9.

Cérès et Bacchus, qui ne nous ont apporté que la
nourriture du corps ; on pouvait, à la rigueur, se passer de pain et de vin, on ne pouvait vivre « sans un
cœur pur. » *Non in solo pane vivit homo*, allait dire
prochainement un Messie bien différent d'Epicure
et qui devait réformer le monde et relever le moral de
l'homme par les principes opposés. Mais Lucrèce a
toutes les illusions d'un prosélyte convaincu; il croit
que son maître est le sage que l'humanité attend et
se propose d'adorer ; il donne lui-même l'exemple de
cette adoration, et, par une poétique inconséquence,
il fait l'apothéose de l'homme qui abolit toute religion.
L'état des esprits à cette époque explique la confiance
de Lucrèce dans l'avenir de sa doctrine. La haute
société romaine appartenait à l'épicurisme, malgré
l'exemple et l'opposition courtoise de Cicéron. Il y
avait les Epicuriens de l'école, comme Torquatus, et
les Epicuriens de l'étable, comme Pison. Lucrèce
comptait certainement parmi les Epicuriens de l'école.
Loin de soupçonner qu'il soutenait une doctrine
corruptrice, il trouvait dans l'Epicurisme la « pureté du cœur. » L'expression nous surprend dans sa
bouche; il est certain qu'il en restreignait le sens,
mais il l'employait encore très correctement, lorsqu'il
entendait par la pureté du cœur l'absence de toute
passion ; en condamnant ainsi toutes les passions,
Lucrèce, il faut le reconnaître, proscrit plus de vices
que de vertus. Les calamités de son temps lui inspirent pour l'ambition une aversion particulière, et
l'ambition est assez souvent malfaisante pour que
nous comprenions l'animosité du poète. Mais il demande que le sage se désintéresse des affaires publi-

2

ques ; il lui conseille de se retirer sur les hauteurs
sereines d'où il pourra voir à ses pieds les agitations
de la foule et mieux apprécier les bienfaits de la philosophie. Les vrais sages, comme Caton d'Utique, ne
partagent pas cet avis. L'innocence est tout ce qu'il
conserve de la vertu. En réalité, le matérialisme ne
peut guère s'élever plus haut, et Lucrèce se résigne à
une médiocrité morale à laquelle d'autres ont essayé
d'échapper. Il ne prononce jamais le nom de devoir ;
il ignore ou dédaigne tous les détours que faisaient
ses confrères en Epicure pour revenir à la morale
commune ; il n'a pas inventé une seule des subtilités
que Cicéron expose et réfute dans le *de Finibus*. Lucrèce enseigne à fuir la peine, les chagrins, les soucis
et non à les supporter par devoir. Il ne développe
pas sa morale et il a raison ; elle aurait peut-être
déshonoré son poème ; mais il l'indique avec préci-
sion. L'homme doit chercher à être heureux, et les
satisfactions des sens sont des parties essentielles de
son bonheur. Il est vrai que les sens demandent peu.
Lucrèce du moins le croit ainsi : « On dort aussi bien,
dit-il, sur une natte de joncs que sur un lit de pour-
pre, et le plaisir suprême est de faire la sieste à l'ombre d'un arbre, par une belle journée de printemps. »
Il est, en effet, permis aux Epicuriens, comme aux
autres hommes, de vivre de peu, et il est toujours prudent de s'y exercer. Mais ils se font beaucoup d'illusions sur la nature, et ils ont tort de tant compter
sur elle pour limiter leurs désirs. Les sens ne sont
pas si modérés que Lucrèce se plaît à le croire, afin
de donner à sa morale une base quelconque. Les sens
deviennent bientôt très exigeants, dès qu'ils sont

chargés seuls ou presque seuls du bonheur de
l'homme ; sous leur empire, le monde entier suffirait
à peine aux besoins croissants de quelques individus.
Lucrèce a bien entrevu les conséquences de sa doctrine et, semble-t-il, en a pris son parti. Le sage, tel
qu'il le conçoit (1), a su limiter ses besoins, mais on
ne voit pas qu'il fasse œuvre de ses mains ; il faut qu'il
y ait autour de lui quelqu'un qui le nourrisse et l'ha-
bille, quelqu'un qui fabrique au moins ce pain grossier et cette natte de jonc qui lui suffisent, pendant
qu'il goûte les plaisirs délicats de la pensée. En un
mot, il faut qu'il y ait autour d'un sage beaucoup de
gens qui ne le soient pas, autrement le sage mourrait
bientôt de froid et d'inanition. Cette morale est essentiellement aristocratique. Lucrèce écrit assurément
pour ses amis, les riches Romains, qui avaient le choix
entre toutes les manières de vivre et de chercher le
bonheur. Le bonheur, suivant lui, se compose de deux
éléments, dont l'un dépend de la fortune, qui fournit
la richesse et la considération (2), l'autre de la philosophie, qui complète l'œuvre de la fortune en appre-
nant à jouir de ses biens ; il est évident que la fortune
donne la matière première du bonheur et de la sagesse, et qu'on ne saurait parler de l'un ni de l'autre
au pauvre et à l'esclave ; les leçons de la philosophie
seraient perdues pour eux. La morale épicurienne ne
peut apprendre à jouir qu'à ceux qui ont le plaisir à
leur portée ; elle ne peut prêcher le repos de l'esprit
et du corps qu'à ceux qui sont libres de se reposer.

(1) Liv. II, 20.
(2) Liv. VI, 10.

Ceux-là même ne l'écouteront pas toujours, car on se repose encore moins volontiers dans le plaisir que dans le travail. Cette morale est donc insuffisante. Lucrèce le savait bien et en voyait la preuve autour de lui. S'il y avait à Rome un petit nombre d'Epicuriens qui se piquaient de modération, d'autres en plus grand nombre étaient insatiables de jouissances. Cette aristocratie romaine « pour laquelle vivait le genre humain, » se trouvait chaque jour plus pauvre et joignait le vol, la concussion, le meurtre et l'empoisonnement à tant d'autres moyens de s'enrichir qu'une loi complaisante mettait à sa disposition. Quels ravages n'aurait pas causés le matérialisme, s'il s'était propagé dans les classes inférieures, si l'homme du peuple avait appris d'Epicure, non pas à vivre pour le plaisir, mais seulement à se croiser les bras ! La doctrine contraire, qui conseille l'effort, le travail, le dévouement et le sacrifice était autrement humaine et démocratique.

Lucrèce nous paraît donc aller trop loin dans son admiration pour Epicure. Quand on a lieu de croire que la vérité est en désaccord avec la morale, et que la sagesse, connue de tous et pratiquée de tous, ruinerait la société et la civilisation, on peut se résigner, mais il n'est pas permis de triompher. Que les matérialistes vulgaires soient très satisfaits de leur doctrine, on le conçoit, elle les distingue du commun ; personne autour d'eux ne la pratique à leurs dépens. Ils seraient plus modestes s'ils voyaient leurs maximes appliquées dans le gouvernement de la société. Nous avons tous intérêt à souhaiter que le Ciel leur fasse grâce de cette leçon. Mais Lucrèce n'était pas un matérialiste vulgaire ; il ne nourrissait aucune illusion sur la morale épicurienne, il avait donc tort de célébrer une doctrine qui pouvait tout au plus produire un petit nombre de sages égoïstes, avec un enthousiasme que justifierait seulement un résultat immense, un grand progrès accompli au profit de l'humanité tout entière. Quoi! tant de transports pour nous annoncer le bonheur de quelques hommes! tant de bruit pour si peu de chose! que Lucrèce proclame à son aise la divinité d'Epicure! L'humanité réservait le titre de Dieu et s'apprêtait à le décerner au sage qui ferait prévaloir dans le monde une doctrine essentiellement différente et qui embrasserait dans sa sollicitude toutes les classes de la société.

III

Les dieux d'Epicure.

Lucrèce, dans sa lutte contre le spiritualisme, n'a pas fait mention d'Aristote et de Platon, ni de l'Être en soi que ces philosophes mettent au-dessus de la nature, comme origine de toute existence, comme principe de tout mouvement. Il n'oublie pas moins Socrate, Xénophon et Zénon, quoiqu'il fasse de rares allusions au stoïcisme. A-t-il voulu se faciliter la victoire en évitant les adversaires qui étaient le plus capables de la lui disputer? Non; c'était plutôt dédain que prudence. Platon et Socrate ne régnaient que dans les écoles, et Lucrèce ne leur enviait pas cet empire. Philosophe romain et pratique, il attaquait les préjugés répandus dans le monde, défendus par l'opinion populaire et consacrés par la loi. La haute métaphysique ne lui paraissait pas digne de ses coups; elle ne bâtissait point de temples, elle n'avait point de prêtres, enfin elle était inoffensive par sa vanité même. Lucrèce se serait reproché de perdre son temps à réfuter l'Idée des idées, la Pensée de la pensée. Les principes de sa logique ne lui permettaient à l'égard de ces conceptions que le plus profond mépris. Pourquoi se préoccuper en effet de ce Dieu unique que ses partisans mêmes ne savaient pas définir, parce qu'il échappait à toute représentation ? C'était une abstraction démontrée par des raisonnements, ce n'est pas une *idée*. Une idée se définit toujours, une idée se peint dans l'imagination, et, par l'imagination, se rattache à une réalité sensible. Une idée ne naît pas du raisonnement, elle le précède. Platon et Aristote n'étaient que des rêveurs, le Dieu unique qu'une chimère, dont il n'y avait pas à s'inquiéter. Il en était tout autrement de la divinité multiple qu'on adorait dans le polythéisme romain.

Si, au nom de cette logique qui fait de toute idée une réalité, on sommait Lucrèce de reconnaître l'existence des dieux mythologiques, Lucrèce s'exécutait de bonne grâce. Ces dieux-là ne le gênent pas. Il en reconnaîtra, comme son maître Epicure, une infinité, car Epicure admettait à côté d'une infinité d'êtres mortels une infinité d'êtres immortels « pour rétablir l'équilibre (1), » disait-il. Les dieux existaient, puisqu'on en avait l'idée, et que toute idée remonte à une réalité : c'était logique. Les dévots d'Athènes n'avaient pas à se plaindre, puis-

(1) Cicér., *De Natura Deorum*, I, 19, 39.

qu'on leur accordait plus de dieux qu'ils n'en pouvaient adorer : c'était prudent. Mais, après avoir fait
ces concessions à la logique et à la prudence, Epicure
n'en supprimait pas moins la religion. Il y avait des
dieux, mais il ne fallait pas les adorer ; ils ignoraient
nos hommages et, s'ils les avaient connus, ils en auraient été peu flattés : seul, notre orgueil a créé ces
prétendus devoirs de l'homme envers la divinité. C'était
faire injure à la majesté des dieux que de les mettre
à notre portée ; nos prières, nos sacrifices, notre reconnaissance et notre piété n'arrivaient pas jusqu'à
eux ; ils ne comptaient point parmi leurs jouissances
éternelles le plaisir de nous gouverner et de nous faire
du bien ; leur destinée les élevait au-dessus de ces
petites satisfactions. Il y avait donc au-dessus de la
piété vulgaire une piété plus haute et plus raisonnable
qui, par respect pour les dieux, démolirait les temples
et supprimerait toute la religion ; nous ne faisons rien
pour les dieux, rien qui soit digne des dieux (1). D'où
vient donc ce préjugé qui nous les fait adorer ? d'une
fausse association d'idées. Au moment où les grandes
images des dieux traversent notre esprit, nous croyons
apercevoir les auteurs des phénomènes de la nature,
erreur assez excusable à l'origine. Mais aujourd'hui
nous sommes détrompés, nous trouvons dans ce qui a
été la raison suffisante de ce qui est ; nous n'aperce-
vons nulle part la main des dieux ; séparons donc dans
notre esprit ce qui est séparé dans la réalité, la nature et la divinité.

Epicure était très sérieux en reconnaissant l'exis-

(1) Liv. II, 645.

tence des dieux et il ne l'était pas moins en suppri-
mant toute religion. Loin de contredire le polythéisme,
il en avait exagéré le principe, et, en multipliant les
dieux à l'infini, ôté à la religion toute consistance et
tout point d'appui. Où trouver, en effet, parmi tous
ces individus divins parfaitement heureux et égoïstes,
la somme de bonté que suppose la création et la somme
de puissance que suppose le gouvernement de l'univers?
Quel est dans cette multitude le dieu assez fort pour tenir
les rênes du monde? Les mettra-t-on dans les mains
débiles et maladroites de ce Jupiter qui ne sait même pas
lancer la foudre? (1) Et, en effet, la grandeur de l'univers,
quel qu'il soit, écrase ces dieux si petits du polythéisme, que l'épicurisme rend plus petits encore,
afin de les annuler plus sûrement, sans doute parce
qu'il n'osait les anéantir. Le matérialisme antique
disséminait à l'infini cette essence divine que le spiritualisme, par une inspiration toute contraire, cher-
chait à concentrer dans un être unique. On faisait de
part et d'autre preuve de logique et d'habileté.

Il ne faut cependant pas croire que Lucrèce ne fût
armé que contre les dieux du polythéisme et qu'il eût
reculé si on l'eût mis en présence du Dieu unique que
nous adorons. La plupart des arguments qu'il emploie
contre la providence des dieux s'appliquent aussi à la
providence de Dieu et comptent parmi les difficultés
éternelles de la métaphysique spiritualiste. Nous les
retrouverons ailleurs. Pour le moment, bornons-nous
à constater que Lucrèce avait raison contre le paganisme, ce qui n'a pas empêché le paganisme, alors

(1) Liv. II, 90.

chancelant, de se raffermir et de compter encore de beaux jours. Le sentiment religieux devait attendre, pour abandonner la mythologie païenne, qu'on lui eût préparé ailleurs un asile plus digne de lui. Et le sentiment religieux avait raison. Cette religion telle quelle rendit des services à l'humanité. Les légendes n'avaient pas l'autorité de dogmes, encore moins d'exemples ; si parfois on se permettait de sourire en contant les métamorphoses, on oubliait complètement, dans le temple, les aventures de Vénus ou de Jupiter pour ne songer qu'à leur auguste puissance. Le païen croyait vivre continuellement sous les yeux de ces êtres surnaturels qui gouvernaient le monde. Du reste, les cultes publics et officiels n'étaient qu'une partie de la religion, et la moins importante. Dans son cœur, le païen avait une religion intime et toute de sentiment ; il se recueillait chaque matin, il offrait de l'encens à ses Lares ou Pénates, il invoquait les *dieux immortels* avec ce mélange de crainte et de reconnaissance qui constitue la piété. La divinité changeait de noms suivant les circonstances où on l'adorait, mais c'était toujours à la divinité que s'adressaient les vœux et les prières, et, qu'on nous permette de le croire, c'était la divinité qui les entendait. Cette religion était donc bienfaisante. Ajoutons qu'elle était charmante. La grâce de l'esprit grec avait heureusement tempéré l'austérité primitive du culte romain. Lucrèce, ennemi juré du polythéisme, ne laissait pas d'en subir le charme, malgré lui. Pour commencer son poème, il n'a rien trouvé de mieux qu'une invocation à Vénus. Cette Vénus, il est vrai, représente le principe d'ordre et de fécondité qui répand la vie dans le monde : Lu-

crèce montre dans l'interprétation des mythes le sentiment et comme l'intuition de la vérité; la muse lui
apprend ce qu'on démontre aujourd'hui scientifiquement, que les forces de la nature sont personnifiées
dans ces légendes antiques; il donne la main, par-
dessus la tête d'Evhémère et d'Ovide, aux savants
modernes. Mais précisément peut-être parce qu'il re-
trempe la légende à sa source, il nous décrit mieux
que personne les augustes amours de Vénus et de
Mars, de la beauté et de la force. Le même mérite se
retrouve ailleurs dans les vers sur le culte de Cybèle.
Mais Lucrèce se surpasse lui-même dans la descrip-
tion de l'écho (1) : il connaît, il a écouté dans son enfance tous ces bruits mystérieux qui troublent le
silence des campagnes, et, s'il ne croit plus aux Faunes
et aux Sylvains, il en adore le souvenir; Schiller et
Alfred de Musset reprendront le même sujet, et, dans
leurs plus beaux vers, ne feront qu'égaler Lucrèce.

Retrouvant jusque dans son propre cœur l'influence
des légendes poétiques, Lucrèce connaît bien la force
des liens qui attachent l'homme à la religion de son
enfance. Il attaque le sentiment religieux, il le poursuit avec acharnement, mais il ne se flatte pas de
l'abolir. Il nous représente, non sans dépit, ces hautes
intelligences qui se disent guéries de leurs préjugés et
que la philosophie croit avoir conquises : la vue d'un
ciel étoilé les trouble; ce spectacle étonna toujours
l'incrédulité (2). Ces sages tombent-ils dans le mal-
heur ? Aussitôt ils visitent les temples, ils offrent des

(1) Liv. IV, 581.
(2) Liv. VI, 1160.

victimes à tous les dieux : *Eripitur persona, manet res*, « le masque tombe, l'homme reste, » et le sage, c'est-à-dire l'athée, s'évanouit. Lucrèce attribue ces retours du sentiment religieux à l'ignorance et à la peur ; mais constater qu'il est indestructible, n'est-ce pas proclamer qu'il est naturel ? Or, il est fâcheux pour une doctrine d'être en opposition avec les mouvements spontanés de l'âme humaine. On peut se méfier de la sensibilité, mais on ne peut l'accuser d'être sans objet ; et pourquoi l'objet du sentiment religieux serait-il moins réel que tout autre ? Il ne se présente pas dans la nature sous une forme déterminée : est-ce une raison pour en nier l'existence ? La plupart de nos sentiments sont à la recherche de leur objet avant de le rencontrer. S'il en est un dans le nombre qui ne rencontre pas son objet ici-bas, que faut-il en conclure ? que ce sentiment est chimérique ? Peut-être, mais aussi et plus naturellement que son objet l'attend dans une autre existence. La sensibilité qui se meut par élans est parfois en avance sur l'intelligence qui ne marche sûrement qu'en marchant à pas comptés. Jean Paul compare les aspirations du cœur aux mouvements du baromètre qui nous révèlent ce qui se passe dans un lointain inaccessible. Le sentiment religieux est aussi phénomène d'ordre expérimental, assez constant pour servir d'appui à des inductions légitimes.

IV

Arguments de Lucrèce contre la création et la Providence.

L'argumentation de Lucrèce contre la création et la Providence atteint non-seulement les dieux du polythéisme, mais aussi le Dieu unique. Il pose comme principe que rien ne peut naître de rien, même par la puissance d'un Dieu (1). Avec son ironie spirituelle qui s'exerce complaisamment dans ses réfutations, il nous montre quelles seraient les conséquences de la création *e nihilo :* « Si quelque chose se faisait de rien, toute race pourrait naître de toute chose; aucun germe ne serait nécessaire ; les hommes pourraient sortir de la mer, les poissons de la terre, etc. » Au lieu de cette fantasmagorie, que voyons-nous? Des êtres qui s'engendrent et se succèdent dans un ordre réglé. Ainsi, l'ordre du monde, qui est un des arguments favoris du spiritualisme, se trouve habilement retourné contre lui; cet ordre, en attestant que chaque chose a sa place marquée, prouverait, selon Lucrèce, que le monde n'est pas l'œuvre d'une volonté. Mais Lucrèce, évidemment, exagère la portée de cet argument. Il suppose que la création, si elle était l'œuvre d'une volonté, ne connaîtrait aucune loi. Il faudrait avoir démontré que ce monde de création divine serait nécessairement soumis au régime du miracle et nous donnerait ainsi le spectacle fantastique

(1) Liv. I, 160-255.

dont s'amuse à bon droit l'imagination du poète.
L'objection était peut-être assez embarrassante pour le
polythéisme ; si ces dieux en nombre infini avaient
tous le pouvoir de créer, il devenait difficile d'accorder tant de volontés ; il était probable que ces créa-
teurs se feraient un jeu d'exercer leur puissance et
rivaliseraient de savoir et d'originalité. Mais avec un
Dieu unique, le miracle n'est plus la marche nécessaire de la nature. Une seule volonté qui répète sans
cesse la même action lui donne le caractère d'une
règle et d'une loi immuable. Il n'y a donc là rien qui
puisse embarrasser sérieusement le spiritualisme mo-
nothéiste.

Mais si cet argument auxiliaire est facile à écarter,
il n'en est pas de même de l'argument principal, rien
ne naîtra jamais de rien, fût-ce par la puissance d'un
Dieu : *nihil ex nihilo divinitus unquam*. La puissance
de Dieu, même infinie, ne saurait triompher de l'impuissance du néant, qui n'est pas moins infinie. L'action de Dieu ne saurait se transmettre, ni ses ordres
se faire entendre à ce qui n'est pas. La difficulté devient plus manifeste quand l'imagination intervient et
nous représente le néant sous la forme de temps ou
d'espace vide ; ce temps vide et cet espace vide oppo-
sent assurément une inertie invincible à tout effort
créateur. On se débat contre l'objection plutôt qu'on
ne la réfute ; c'est, dit-on, faire du néant une réalité,
plus encore, une puissance, que de le supposer capable de résister à la volonté divine. Dieu ne s'est jamais
trouvé en présence de l'espace vide et du temps vide ;
le temps et l'espace, mesures de la réalité, n'ont jamais été vides, et n'ont rien de commun avec le

néant. Le néant primitif, très différent du temps et de
l'espace, n'était pas un obstacle à la création ; on ne
le connaît pas, d'ailleurs, et il serait téméraire de le
juger. Ainsi, la raison aux abois cherche à décliner sa
propre compétence et se déclare insuffisamment in-
formée. Subterfuge inutile ! C'est la raison qui dit :
rien ne naît de rien et il lui est interdit de se démentir
et de reculer devant les conséquences. Mais ces conséquences sont-elles si désastreuses? Nous comprenons qu'on hésite à accepter un principe dont le matérialisme tire avantage. Nous respectons les convic-
tions qui se croient intéressées à soutenir le vieux
dogme : Dieu a créé de rien. Nous croyons pourtant
et nous voudrions nous justifier de croire que le principe *nihil ex nihilo* peut être accepté sans dommage
pour le spiritualisme.

Le spiritualisme consiste essentiellement à conserver
à la cause première ce que lui ôte le matérialisme,
c'est-à-dire l'intelligence, la volonté, la personnalité.
Or, pour remplir cette condition, il n'est pas nécessaire de séparer absolument la cause première de ses
effets, le créateur de la création. Les plus grands
philosophes de l'antiquité, Platon et Aristote, qui
étaient spiritualistes, ne connaissaient pas cette séparation absolue. Ils concevaient l'ensemble des choses
comme éternel, Dieu en haut, la nature en bas, mais
Dieu et la nature unis l'un à l'autre par l'amour, avec
cette différence que Platon mettait l'amour en Dieu,
et Aristote dans la nature. Ce dualisme mystique se
distingue à peine du spiritualisme par ses conséquences
religieuses et morales ; et il n'en a point les inconvé-
nients en philosophie. Il ne nous montre pas le néant

devenant tout à coup quelque chose ; il ne nous montre pas non plus Dieu s'augmentant tout à coup d'un attribut nouveau. Si Dieu, en effet, est immuable, toujours égal à lui-même, on ne peut concevoir que son être s'accroisse aujourd'hui d'un degré : s'il est créateur, il l'est de toute éternité, et la création elle-même est éternelle, au moins de cette éternité successive qui se développe dans le temps infini. Beaucoup de spiritualistes modernes se rallient à cette opinion, et, si on les presse de dire avec quoi Dieu a créé, ils établissent résolument entre Dieu et la nature des relations plus étroites que ne le faisaient Aristote et Platon. A ce dualisme qui mettait en présence le parfait et l'imparfait, et les unissait par l'amour, ils substituent le monisme qui admet entre le créé et le créateur communauté de substance. Dieu, dans cette nouvelle doctrine, crée la nature de sa propre substance.

Quoi ! la nature entière, depuis l'âme humaine jusqu'à la poussière du chemin, seraient des parties de la substance divine. Notre éducation intellectuelle ne nous a guère préparés à cette idée. Nous méprisons la matière ; mais la connaissons-nous ? Il nous plaît, après l'avoir définie arbitrairement ou métaphysiquement, de la regarder comme le dernier degré de l'existence, et, peu s'en faut, comme la honte de la création. Nous la dépouillons de tous les nobles attributs de l'être, activité, intelligence, sentiment, au profit d'une essence imaginaire que nous appelons esprit ; nous lui en ôtons d'autres, lumière, électricité, mouvement, chaleur, affinité, pour en révéler une troisième abstraction que nous appelons la force ; et quand il nous reste entre les mains un résidu inerte,

qui n'a plus d'autre propriété que les trois dimensions, nous disons dédaigneusement : voilà la matière.
Mais la réalité ne nous offre jamais séparément la
matière, la force et l'esprit. La réalité nous offre une
substance, dont toutes les parties se tiennent et se
correspondent, dont les attributs, très variés, attestent la richesse inépuisable. Cette substance est la
source commune de ce que nous distinguons, par
convention, sous les noms de matière, de force et d'esprit. Ces termes, matière, force et esprit, désignent
trois classes d'attributs, que nous composons plus ou
moins logiquement, mais non trois substances que
nous connaissons réellement. Cette substance unique
peut être regardée, sans impiété, comme une émana-
tion de l'essence suprême, comme une transformation
volontaire de la substance divine. Dieu, pour créer,
s'étend et se distribue dans l'espace et dans le temps ;
il se donne sans se perdre ; il ne se dépossède pas de
la substance qu'il répand ; il vit à la fois en soi-même
et dans la nature ; un dans son individualité, multiple
dans ses créatures, il joint à la perfection de l'unité la
perfection de la multiplicité, au bonheur d'être soi
le privilège d'être l'autre, *to heteron*, comme dit
Platon.

Cette doctrine, qui n'est pas neuve, n'est pas aussi
dépourvue qu'on le croirait, de bases expérimentales.
Aucun fait ne vérifie la distinction fondamentale de la
matière, de la force et de l'esprit. Au contraire, les
faits abondent pour démontrer l'origine commune de
tous les attributs et de tous les êtres. Interrogeons
notre propre conscience ; que de choses nous y trouvons qui ne sont pas nous et qui ne sont pas à nous !

c'est notre vie qui continue, comme elle a commencé, sans notre participation ; c'est, notre raison qui nous domine et souvent nous contredit ; c'est notre conscience qui nous commande et souvent nous réprimande ; c'est la sensation enfin qui franchit les limites de notre individualité et nous fait communiquer de proche en proche avec les êtres les plus éloignés de nous. Notre moi, notre personne, partie essentielle de notre être, n'est toutefois qu'une partie de notre être ; nous aussi, dans notre humble sphère, sommes nous et autre chose que nous : il arrive même des circonstances où l'*autre* menace de submerger notre moi, c'est-à-dire où notre vie individuelle est entraînée dans le torrent de la vie commune. Comment accuser d'impiété une doctrine qui rend plus étroits nos liens avec Dieu, ou d'immoralité un système qui multiplie entre les diverses créatures les relations et les devoirs ? Mais pourquoi insister ? Le spiritualisme n'a pas le choix ; et, s'il veut vivre comme philosophie, il faut qu'il s'accommode de la proposition : *nihil ex nihilo ;* la proposition contraire pourra subsister comme dogme, mais ne saurait être un principe rationnel.

Du même coup, d'ailleurs, le spiritualisme écartera une autre difficulté que lui font tous les matérialistes à la suite de Lucrèce. « Quel intérêt soudain, après une éternité de repos, a pu engager les dieux à changer leur vie première ? Languissaient-ils donc dans les ténèbres et dans la douleur, avant que l'heure natale ne fût venue pour l'univers (1) ? » En d'autres termes, conçoit-on que Dieu, après une éternité de

(1) Liv. V, 167.

repos, s'avise un beau jour qu'il lui manque quelque
chose et se fasse créateur pour compléter sa béati-
tude? Dès que la question est posée, elle crée un
embarras pour le spiritualisme classique. L'avantage
du monisme est de supprimer la question en la préve-
nant. Dieu éternellement créateur n'est pas un Dieu
qui se met à l'œuvre tout à coup, comme s'il se réveil-
lait d'un éternel sommeil et passait du repos à l'activité. C'est un Dieu qui n'a jamais commencé à créer
et peut ignorer lui-même pourquoi il crée, de même
qu'il ignore assurément pourquoi il existe : ce qui est
éternel se passe de justification. Platon enseigne que
Dieu crée parce qu'il est bon et qu'il aime ; jamais on
n'a rien dit de mieux. Mais Dieu peut aussi créer nécessairement, c'est-à-dire sans raison connue ni de
Platon ni de Dieu même.

Enfin, le grand argument tiré de l'imperfection du
monde se trouve dans Lucrèce. Le monde, en effet,
paraît indigne, non pas d'une sagesse parfaite, mais
d'une intelligence médiocre (1). Admettant, non sans
raison, que la Providence aurait approprié la terre aux
usages de l'homme, Lucrèce se plaît à mettre en
évidence combien l'homme paraît oublié ici-bas dans
le plan de la création. Les eaux de la mer, le froid du
pôle et la chaleur de l'équateur nous ferment la plus
grande partie de ce globe qu'on prétend fait uniquement pour nous. Nous disputons aux bêtes sauvages
le peu d'espace que les éléments nous ont laissé;
nous sommes trahis plus souvent que secondés par la
nature dans nos efforts pour arracher une maigre

_____

(1) Liv. II, 181.

nourriture à un sol ingrat. Rien de plus vrai, rien de plus attristant que ce tableau, qu'on a mille fois imité, qu'on n'a jamais mieux fait. Lucrèce est admirable comme peintre de la misère humaine. Mais a-t-il raison contre la Providence? Il n'est que trop vrai, et nous ne songeons pas à le nier. La terre n'est pas faite pour notre plaisir. Mais si l'homme n'est pas ici-bas pour son plaisir; si l'homme est ici-bas pour s'améliorer, pour s'élever d'un degré vers la perfection, par le travail, par la souffrance et aussi par la réflexion, par l'invention, par le génie? Le point de vue change alors; la terre, précisément à cause de ses défauts, est le séjour qui convient au genre humain. Elle nous oppose partout des difficultés, ici des glaces, là des sables, ailleurs l'océan. Mais ces difficultés ne sont pas accablantes; elles nous provoquent plutôt à la lutte; nous les abordons avec l'espoir de vaincre; nous ne sommes ni dispensés d'efforts par la complaisance de la nature, ni découragés d'avance par la puissance dont elle s'arme contre nous. Sa force paraît mesurée sur la nôtre de manière à céder à notre persévérance et à ne vaincre que notre paresse. Ainsi, l'homme a défriché et fécondé le sol qu'il avait trouvé couvert de ronces. La lutte contre les animaux, qui fut le danger de son enfance, est devenue l'amusement favori de son âge mûr; il arrive de la barque d'écorce au vaisseau de haut bord, mû par la vapeur, et prouve ainsi à Lucrèce étonné que la mer rapproche les peuples au lieu de les désunir : « *Quod late terrarum distinet oras;* » il s'attaque déjà avec quelques succès aux glaces du pôle et aux sables de la zone torride. Certes, si la Providence n'avait en vue que le plaisir

de l'homme, elle aurait fait de la terre un séjour
moins laborieux. Mais si elle avait en vue la dignité
morale et intellectuelle de notre espèce, on n'a rien à
lui reprocher. Les satisfactions qu'elle refuse à notre
mollesse sont le prix de notre énergie. Ce monde, si
peu en harmonie avec notre sensualité et notre sensibilité, est au contraire admirablement adapté à nos
besoins spirituels. Que faut-il de plus pour justifier la
Providence? L'homme n'est-il pas avant tout un être
perfectible? Quand Lucrèce gémit en nous le montrant plus faible et plus malheureux que les animaux,
Lucrèce ne dit rien qui ne soit vrai : mais il nous
autorise lui-même à faire cette réflexion, que si la nature traite l'homme autrement que les animaux, au
lieu d'en conclure qu'il n'y a pas de Providence, on
peut affirmer tout aussi légitimement que l'homme
n'est pas un animal.

Nous comprenons que les Épicuriens, uniquement
préoccupés de bien-être et de plaisir, ne conçoivent la
providence que sous les traits d'un père débonnaire,
attentif à tous les besoins de ses enfants, empressé à
prévenir ou à combler leurs désirs; si, à chaque
souhait de l'homme, ils voyaient apparaître l'objet
convoité, présenté par une main invisible, ces philosophes seraient sans doute satisfaits, la Providence
serait suffisamment démontrée. Mais c'est le contraire
qui a lieu. Tous les biens de ce monde ne s'obtiennent
que par l'industrie. Au lieu d'intervenir à chaque
instant pour nous épargner une douleur, un péril,
une privation, la Providence nous laisse en présence
des lois générales qui nous secondent, quand nous les
suivons, qui nous écrasent, quand nous les contra-

rions, et qui nous obligent, sous peine de mort
ou de misère, à l'étude et à l'effort. C'est tout
autre chose que ces petits soins dont Epicure voudrait faire un devoir au Créateur; mais c'est quelque
chose de plus noble et de meilleur. Dieu fait preuve à
l'égard de l'homme d'une paternité virile que l'homme
lui-même se glorifie d'imiter, quand il élève bien ses
enfants. Malebranche prétend que les lois générales
conviennent mieux à la gloire et à la grandeur de Dieu
que les actes particuliers. Soit; mais Malebranche ne
dit pas assez : ces lois générales font encore plus
d'honneur à la justice et à la bonté de Dieu qu'à sa
grandeur. Si la nature se modifiait au gré de nos désirs, nous n'aurions plus ni le mérite de l'effort, ni la
joie du succès; que nous resterait-il de tout ce qui
fait actuellement notre honneur et notre bonheur?
Qui ne refuserait, comme une déchéance, la certitude
de vivre dans une satisfaction béate, c'est-à-dire sans
désir, et à l'abri de tout péril, c'est-à-dire sans courage? Ce qui fait le mérite de l'homme, c'est la nécessité de se familiariser avec la souffrance. La mort
même, dont on fait un argument si fort contre la Providence, contribue plus que toute autre chose à l'intérêt de la vie. Il est bon que la mort soit possible à
tout moment, et certaine quelquefois : l'homme prouve
son intelligence en l'écartant, ou sa vertu en l'affron-
tant. Voudrait-on qu'elle vînt à date fixe? « *Quare
mors immatura vagatur?* » demande Lucrèce. « Pourquoi la mort porte-t-elle au hasard ses coups préma-
turés? » Pourquoi? mais pour être dans la vie une inquiétude salutaire. Et que diriez-vous, ô poète, si la
mort ne prenait que les vieillards exténués? Vous

diriez que cette régularité prouve une loi fatale, et la Providence n'y gagnerait rien. Toutefois, il faut le reconnaître, les faits semblent, à première vue, donner raison au matérialisme, tandis qu'il faut de la réflexion pour tirer du mal et de la souffrance une preuve de la Providence. Mais il n'est pas démontré que la meilleure doctrine soit nécessairement la plus simple ; autrement, les esprits superficiels seraient les meilleurs juges de la vérité. On n'arrive jamais à la certitude complète en métaphysique. Mais il y a des systèmes auxquels la réflexion ajoute de nouvelles preuves ; il y en a auxquels elle en ôte ; on voit vers quelle limite on marche dans les deux cas. En philosophie, ce n'est pas toujours une bonne recommandation que la simplicité.

V

Conception de l'atome.

Telles sont, à l'égard de la création et de la Providence, les difficultés que Lucrèce fait au spiritualisme. Ces objections sont sérieuses, et il ne faut pas se flatter de les réfuter péremptoirement. Nous devrons toujours, pour croire fermement à la création et à la Providence, compléter nos arguments par un acte de foi et de bonne volonté : la bonne volonté est, surtout en métaphysique, la condition de la paix et du repos d'esprit ; la volonté qui, dit-on, crée la certitude, même dans la science, a son rôle nécessaire en philosophie ; ici, elle adhère spontanément à la vérité pres-

sentie, tandis que là elle s'arrête invinciblement à la
vérité démontrée.

Le philosophe sait bien qu'il ne peut ni remonter
jusqu'à l'origine des êtres, ni pénétrer jusqu'à leur fin.
Mais, à la marche que suivent les choses ici-bas, on
peut reconnaître d'où elles viennent et où elles vont ;
on peut, en relevant leurs traces sur le sol, déterminer leur direction, avec l'espoir légitime de former
quelques conjectures raisonnables sur ce qui est au-
delà de notre horizon naturel. Ces inductions sont
assurément fort délicates ; les faits ne parlent pas avec
une clarté parfaite ; mais du moins on peut voir dans
quel sens ils se prononcent le plus souvent, on peut
compter et peser les vraisemblances. C'est précisément ce qui fait l'avantage du spiritualisme, sous quelque forme qu'il se présente. Il s'accorde mieux avec
les faits ; l'observation et l'expérience s'arrêtent moins
loin de ses conclusions ; le supplément de foi qu'il
réclame coûte moins à la raison. Le matérialisme, malgré son assurance dogmatique, laisse un plus grand
vide à combler, il demande plus de bonne volonté à
ses adhérents ; il est en somme moins scientifique et
plus métaphysique.

Le matérialisme se contente de peu pour créer le
monde ; l'atome lui suffit, c'est-à-dire la matière infiniment divisée, irréductible, au-dessous de laquelle il
n'y a que le néant. Aucun principe ne saurait être
plus simple. Mais cette simplicité trompeuse n'existe
qu'au début ; le système se complique à mesure qu'il
se développe, et en se compliquant, perd le mince
avantage qu'il aurait pu tirer de sa simplicité.

L'atome, en effet, est si peu de chose à l'origine,

qu'il faut bien, à mesure qu'on avance dans l'exposi-
tion du système, le doter de qualités nouvelles. Un
poète, à défaut d'une fée, pouvait seul suffire aux
besoins énormes de cet indigent. Lucrèce a trouvé là
l'emploi naturel de son talent. Il s'est merveilleuse-
ment acquitté de cette tâche. M. Martha dit avec raison que l'atome est le héros du poème. Lucrèce le
prend humble, imperceptible, et l'élève par degrés à
une sorte de divinité. L'atome acquiert peu à peu
beaucoup d'attributs importants, et dans le nombre
des attributs infinis que nous avons coutume de décerner à Dieu; il devient tout-puissant pour créer et
pour détruire; il dispose en maître de la vie et de la
mort, puissance formidable, car elle ne connaît le
frein ni de la sagesse, ni de la bonté, et triomphe
également dans la création et dans la destruction.
Au début, l'atome erre inoccupé dans l'espace; dans
le cours du poème, il engendre des mondes et anime
des créatures; à la fin, il détruit une ville, et la plus
belle de toutes. Cette histoire dramatique nous est
racontée avec une conviction tranquille. La personne
même de l'auteur nous intéresse par une sorte d'in-
trépidité sereine que n'ébranle pas une doctrine si
désolante. Nulle part le matérialisme ne se montre si
calme, si précis, si hautain, pour ne pas dire si su-
blime; on plane avec Lucrèce au-dessus des passions
humaines, on est soulevé par une pensée hardie et
sévère à des hauteurs que le matérialisme n'a pas
connues depuis. On peut donc, sans oublier les suc-
cesseurs de Lucrèce, le considérer comme le premier
maître de son école; on n'aura plus guère à craindre
d'Holbach et La Mettrie, Buchner et Moleschott, quand

on aura passé par les mains et échappé aux coups de
ce valeureux adversaire.

L'origine de tout ce qui existe étant l'atome, la matière n'est pas autre chose que la somme des atomes.
Telle est l'opinion de Lucrèce. Les matérialistes modernes ont essayé d'aller au-delà, sentant peut-être
que la position était mauvaise. On incline, dans certains groupes de cette école, à regarder l'atome comme
une première évolution de la matière, et non comme
sa forme essentielle. Mais le matérialisme conséquent
ne peut guère reculer si loin, il n'a pas le droit de
concevoir ce qui est incorporel. L'atome, limite de la
décomposition du corps, est le corps essentiel. Si on
le résout lui-même dans une substance antérieure, on
sort des bornes où doit s'enfermer le matérialisme,
sous peine de perdre son nom. On reporte l'origine
de toute chose au-delà de toute expérience réelle ou
possible, dans ces régions métaphysiques où Fechner,
Uberweg et Strauss, partis du matérialisme, se rencontrent avec Ampère, Cauchy, Gay-Lussac et Helm-
holtz, partis du spiritualisme. C'est là peut-être que
se trouve la vérité. Mais ces régions sont fermées au
matérialisme ; il n'a pas le droit de prendre son principe hors de l'expérience, ni de faire naître la matière
d'une substance qui ne pourrait pas la produire mécaniquement, et sans l'aide d'une force inconnue.
L'atome, nous le verrons, prête à la critique, mais
du moins il est de même nature que les corps; entre
les corps et l'atome on n'a pas besoin de supposer
d'autres rapports que ceux du tout avec la partie; si
l'on veut que les corps se forment spontanément, par
agrégation, il faut que leurs parties soient de même

nature que le tout et ne dépendent d'aucune force
antérieure ou supérieure ; il faut, en un mot, qu'elles
soient éternelles ; de là cette conception des atomes
qui, malgré ces défauts, s'impose au matérialisme et,
seule, permet d'écarter des hypothèses dangereuses,
sinon mortelles pour ce système.

Lucrèce admet donc l'atome et l'admet dans toute
sa simplicité, indivisible, solide, étendu, mais dépourvu
de tout autre attribut. Qu'on ne lui parle pas d'atomes ayant un degré quelconque de sensibilité et d'intelligence en puissance ou en acte (1), l'atome est une
parcelle irréductible de matière, lisse ou raboteuse,
anguleuse ou ronde, grosse ou petite, quoiqu'elle n'at-
teigne jamais un volume qui la rende visible ; mais
l'atome n'a point de modification interne ; il ne pense
pas, il n'est pas exposé à « éclater de rire. » C'est une
molécule étendue, et rien de plus, immuable dans sa
quasi-nullité, comme le Dieu des spiritualistes dans
sa perfection. Certes, si toute métaphysique doit dé-
buter par un *postulat*, jamais demande ne fut plus
modeste. Mais cette modestie même nous met en
défiance. Le problème de l'existence ne paraît pas sus-
ceptible d'une solution si simple ; la source de tout ne
saurait être si chétive ; — l'univers n'est pas si peu de
chose que nous puissions l'expliquer par une cause
extrêmement petite.

(1) Liv. II, 980.

VI

Insuffisance de l'atome.

La comparaison qui se fait dans notre esprit
entre l'atome, tel que Lucrèce le conçoit, et le monde
tel que nous le voyons, nous cause une surprise
dont le poète sait tirer parti. Notre curiosité, vive-
ment piquée, s'intéresse à ces affirmations hardies
qui bravent nos préjugés, à ces raisonnements qui
sont faits au rebours des nôtres. Une philosophie
qui procède ainsi par surprise est naturellement plus
attrayante pour l'imagination et moins convaincante
pour la raison. Le matérialisme, en dépit de sa réputation, est le plus poétique des systèmes, par l'art
avec lequel il fait sortir le monde de l'atome, une si
grande chose d'une si petite. Il y a bien plus de
poésie, non pas seulement dans le *de Natura* de
Lucrèce, mais dans le prétendu *Bon-Sens* de d'Holbach, que dans l'*Anti-Lucrèce* de Polignac, où le vers
latin triomphe des aspérités de la scolastique et de la
banalité des lieux communs. Mais la raison se tient
en garde contre les nouveautés attrayantes ; ce qu'elle
attend surtout de la philosophie, c'est la confirmation
des croyances primitives et des pressentiments que
l'on aurait tort de confondre avec les préjugés.

Le peu de valeur intrinsèque de l'atome est un défaut capital. Ce principe unique de la nature présente,
pour toutes qualités, l'étendue et la solidité, tandis
que la nature, son œuvre, déploie sous nos yeux une
richesse dont la science humaine est encore loin

d'avoir dressé l'inventaire. Il y a entre la petitesse de la cause et la grandeur de l'effet une disproportion qui choque la logique.

L'esprit humain n'est pas complètement libre de faire en métaphysique toutes les suppositions imaginables. La cause première, quelle qu'elle soit, s'explique assurément par elle-même; son origine est donnée avec son existence; dès qu'on la tient, on n'a plus rien à chercher. Or, il y a deux choses, deux seules, qui remplissent ces conditions et qui peuvent être causes premières; l'une est le néant, l'autre est l'Être absolu. Le néant s'expliquerait par le néant; *a priori*, le néant est aussi possible, plus possible même que l'être, car il n'a besoin d'aucune condition pour se réaliser; mais *a posteriori*, il est inadmissible, puisqu'il y a quelque chose.

Une fois le néant écarté, notre esprit, à la recherche de ce qui se suffit à soi-même, franchit d'un bond tous les degrés inférieurs de l'être, et ne s'arrête qu'au sommet, c'est-à-dire à l'Être absolu.

Descartes, après les scolastiques, a prétendu que l'Être absolu est en même temps l'être parfait. Cette proposition, vraie sans doute, au fond, est contestable, sous la forme que Descartes lui a donnée. Il n'est pas permis de soutenir que l'Être parfait existe, parce que l'existence est une des perfections. L'existence, en logique, ne peut fournir que le verbe; si on la rejette parmi les attributs, on la remet elle-même en question. Or, on ne peut mettre l'existence de l'Absolu en question, car elle est certaine. Ce qui est à prouver, c'est la perfection.

Pour prouver la perfection, il suffit de démontrer

que l'absolu joint à ses autres attributs l'intelligence qui les connait, et, à ses autres puissances, la volonté qui en dispose. L'intelligence qui embrasse toutes les vérités, la volonté qui dirige toutes les forces de l'Être éternel constituent la perfection. L'absolu, pour devenir le parfait, n'a besoin que d'intelligence et de volonté, en un mot de personnalité : souvenons-nous bien toutefois que ce mot de personnalité, transporté à l'absolu, n'a plus le sens étroit que nous lui attribuons dans la langue humaine. — Telle est la thèse spiritualiste.

Les matérialistes prétendent, au contraire, que l'absolu est dépourvu d'intelligence et de volonté, et que tout, même la pensée, se réduit à un mécanisme. Ils considèrent l'ensemble des phénomènes comme un tout qui se suffit. Si le monde était immobile, on n'éprouverait pas le besoin de lui chercher une cause. Le monde se meut; on lui cherche un moteur. Mais une série de phénomènes peut, aussi bien qu'une existence uniforme, être un tout, un ensemble qui ait sa cause, comme son existence, en soi et par soi. Laissons Aristote chercher hors du mouvement la cause du mouvement.

Entre ces deux thèses se placent des doctrines panthéistes, qui rentrent tantôt dans le spiritualisme, tantôt dans le matérialisme. Ces deux derniers systèmes sont donc les véritables et seuls adversaires en présence.

Dans le spiritualisme, le hasard n'est plus: car il n'y a rien d'antérieur à l'intelligence et rien qui ne dépende de l'intelligence.

Dans le matérialisme, au contraire, il faut, quoi

qu'on fasse, remonter et s'arrêter au hasard. Le monde,
en effet, résulte des positions relatives où se sont
trouvées les forces créatrices au commencement de
leur évolution. Comme ces positions ne furent pas
déterminées par l'intelligence, il faut les attribuer au
hasard, qui devient ainsi la cause première. Dans cette
discussion qui, de part et d'autre, ne peut être tranchée
par l'expérience, il nous semble que le spiritualisme a
tous les avantages de la vraisemblance, les seuls que l'on
puisse remporter sur le terrain de la métaphysique.

Tout, dans le monde, se tient ; rien n'existe que
par combinaison ou par relation avec autre chose ; le
principe de l'existence est évidemment un principe
d'harmonie et d'union, sans doute une essence commune à tous les individus qui se forment à ses dépens
ou se communiquent par son intermédiaire. Or,
l'atome n'est qu'un principe d'individualité et d'iso-
lement. Chacun des atomes forme un tout complet et
fermé : comment tirer de là cette harmonie et cette
union de parties qui constitue la création ?

D'ailleurs, les matérialistes, en concevant, à l'origine
des corps, l'atome, c'est-à-dire un corps indivisible,
vont au-delà des limites que leur trace la logique :
puisqu'ils se fondent sur le témoignage des sens, ils
n'ont pas droit d'attribuer au corps primitif une qualité qui n'est pas dans les corps dérivés. Pourquoi la
divisibilité, qui persiste dans le champ de l'observation
et de l'expérience, cesserait-elle tout à coup au-delà ?
C'est, diront-ils, et Lucrèce donne douze formes différentes à cette réponse (1), parce que tout s'évanouit,

_____

(1) Liv. II, 609.

si nous ne donnons à tout ce fondement. D'accord.
Mais ce qui s'évanouit, c'est l'être, tel que vous le
concevez, essentiellement solide et étendu. Le principe des êtres composés doit échapper lui-même à
toute décomposition. Précisément pour cette raison,
nous ne pouvons concevoir le principe du corps sous
la forme d'un corps. En vous arrêtant à l'atome, vous
résistez à la logique qui vous oblige à chercher, et,
si vous ne trouvez pas, à supposer au-dessous de ces
attributs qui s'évanouissent des attributs qui soient
indestructibles. L'atome est donc une hypothèse arbitraire, et cependant le matérialisme ne se sauve que
par cette hypothèse.

Enfin, on peut demander à Lucrèce par quel hasard
tous les atomes sont inaccessibles à nos sens. Lucrèce
nous avertit qu'il y en a de petits et de gros; c'est
une vue scientifique dont on peut lui faire compliment.
Mais s'il est impossible de fixer une limite à la grandeur des atomes, par quel accord mystérieux restent-
ils tous au-dessous de la portée de nos sens ?

En résumé, l'atome est un principe insuffisant. On
peut, on doit même l'admettre, comme forme transi-
toire, entre un état primitif de la substance et son état
actuel. Mais il n'offre pas la fixité nécessaire au premier principe.

VII

Le vide et le mouvement.

A peine Lucrèce a-t-il posé son principe, l'atome,
qu'il en reconnaît l'insuffisance et se hâte de lui

donner un associé. Cet associé est le vide. Ce vide
n'est pas le néant, qui ne pourrait être d'aucune utilité ; c'est l'espace qui, par ses trois dimensions,
devient l'auxiliaire précieux des atomes. L'espace est infini en étendue ; de leur côté les atomes
sont infinis en nombre et dispersés dans tout l'espace.

Tels sont les rapports de l'espace et de la matière.
Ces rapports méritent de fixer notre attention. Il n'y a
rien de plus important dans le matérialisme, rien non
plus qui prête davantage à la critique. D'abord l'existence même de l'espace ne s'explique pas si simplement. Lucrèce a beau nous le présenter sous le nom
de vide, qui fait songer au néant ; sous ce déguisement,
nous reconnaissons une réalité douée de propriétés
particulières, c'est-à-dire dont l'existence constatée ne
dispense pas de chercher l'origine. L'espace diffère
totalement de la matière, telle que Lucrèce la définit ;
il est infini et non divisé à l'infini, uniforme et non
varié, un et non multiple. L'espace réunit, par une
heureuse rencontre, tout ce qui manque à la matière,
dont il forme pour ainsi dire le complément. Autre
rencontre non moins heureuse : toute la matière pourrait se trouver accumulée sur un point de l'espace, ce
qui rendrait la création impossible. Toute la matière
est, au contraire, disséminée dans tout l'espace, ce qui
permet tous les mouvements et tous les rapprochements nécessaires aux combinaisons d'atomes. La
matière et l'espace auraient pu se trouver juxtaposés,
de manière à ne rien produire ; ils sont mélangés, de
manière à s'entr'aider et à se féconder mutuellement.
Comment se fait-il que, de toutes les possibilités,

celle-là se soit réalisée qui devait être la plus avantageuse? Était-elle la plus possible? On ne le voit pas;
on peut même croire *a priori* que le mélange de toute
la matière à tout l'espace est moins possible que la
séparation de l'un et de l'autre : deux choses différentes restent séparées plus naturellement qu'elles ne
se mélangent. Une philosophie qui n'admet pas d'autre
cause première que la possibilité perd du terrain à
mesure qu'elle multiplie les conditions. C'est ce qui
arrive au matérialisme. Le néant est plus possible que
l'être : il y a quelque chose. Une seule chose est plus
possible que deux : il y a deux choses, l'espace et la
matière. L'espace et la matière sont plus possibles,
indépendants qu'en fonction l'un de l'autre : ils sont
en fonction l'un de l'autre; séparés, qu'unis : ils sont
unis. Sans doute, une possibilité ne cesse pas d'être,
parce qu'elle devient conditionnelle; mais plus elle
sera conditionnelle, plus elle sera défectueuse et
moins elle suffira à la solution des problèmes philoso-
phiques. Si la possibilité est infinie, ce qu'on peut
accorder, il n'en est pas moins vrai qu'elle a ses degrés, qui constituent les probabilités, et que les probabilités diminuent à mesure qu'augmente le nombre
des conditions à remplir. Le nombre de ces conditions
peut bientôt devenir tel qu'il paraisse impossible de
les réaliser sans une volonté intelligente qui opère à
coup sûr. C'est ce qui arrive pour le monde. Les conditions se multiplient à l'infini : les atomes, une fois
disséminés dans l'espace, ne forment pas éternellement un mélange uniforme; Lucrèce nous montre
partout des associations particulières qui produisent,
ici des roches, là des métaux, ici des fluides, là des

liquides (1) : le poète nous aide à conclure contre le philosophe.

On a coutume d'associer le temps à l'espace; il semble que ces deux notions soient solidaires et triomphent ou succombent ensemble dans les discussions métaphysiques. Elles présentent, en effet, des caractères analogues, et, quand on accorde ou refuse à l'un la réalité objective, l'autre subit généralement le même sort. Lucrèce les sépare et leur fait des destinées inégales; tandis que l'espace est nécessaire et réel comme l'atome, le temps n'est point par lui-même et n'a qu'une existence dérivée; c'est le premier de ces phénomènes, *eventa*, que produisent la matière et l'espace dans leurs combinaisons. Nous n'entamerons pas une discussion sur la nature de l'espace et du temps. Nous ferons remarquer que certains spiritualistes montrent pour le temps la même partialité que les matérialistes pour l'espace : ces spiritualistes exclusifs donnent au temps une réalité plus résistante, car la pensée se meut dans le temps sans se mouvoir dans l'espace, tandis que les mouvements de la matière ont à la fois besoin d'espace et de temps. L'espace et le temps changent ainsi de place et de rôle dans les systèmes opposés. Le spiritualisme paraît, dans cet excès même, avoir un certain avantage sur le matérialisme ; car on peut soutenir que l'espace est une forme et le temps une condition de la pensée, l'un coexistant, l'autre préexistant à la pensée. Mais on n'est pas obligé de choisir entre ce matérialisme et ce spiritualisme exclusifs. On peut conserver au temps et à l'espace

(1) Liv. I, 906-805.

leur existence réelle, comme condition première de la
création, où ils permettent, l'un la *coexistence*, l'autre
la *séquence* ou suite des phénomènes; dans ce cas, on
les subordonne l'un et l'autre à la substance éternelle
qui les aurait produits en s'épanchant hors de l'unité.
On peut enfin leur refuser toute existence objective
hors de l'esprit humain : la logique nous entraîne
quelquefois à cette extrémité. Mais de toutes les hypothèses que suggère la nature du temps et de l'espace,
les moins vraisemblables sont celles qui séparent l'une
de l'autre ces deux notions corrélatives; or, Lucrèce
fait précisément une de ces hypothèses.

La matière et l'espace, éternellement en présence,
créent de toute éternité à l'aide du mouvement : voilà
un second auxiliaire de l'atome. Le mouvement appartient en propre, non pas à l'espace, qui le permet
seulement, mais à l'atome, qui l'accomplit. La première forme du mouvement est la pesanteur, et sa
première direction la ligne droite (1). Tous les atomes
tombent suivant la verticale; le haut et le bas sont
réels, l'un étant la somme des points parcourus, l'autre des points à parcourir par un atome donné.

La science moderne ne connaît plus ni haut ni bas;
mais elle cherche aussi un mouvement primitif qui
fournisse pour ainsi dire la force nécessaire à tous les
mouvements ultérieurs, et comme Lucrèce, elle s'arrête, au moins provisoirement, à la pesanteur. Lucrèce
satisfait donc à la fois la raison et l'imagination. Il
donne à ce mouvement primitif, à cette source éternelle de la force une puissance merveilleuse, et il

(1) Liv. II, 115.

la démontre, comme on le ferait encore, par les phénomènes lumineux : un instant suffit pour remplir de
lumière des espaces immenses (1) ; Lucrèce décrit le
lever du soleil en physicien ; il rajeunit ce vieux sujet
par des traits scientifiques, et démontre par son exemple que la science rend plus vif, chez un poète véritable, le sentiment de la nature ; on mesurera la vitesse
de la lumière, on ne la décrira jamais avec plus
d'exactitude et de charme.

Mais ce mouvement vertical arrivera-t-il à créer,
c'est-à-dire à rapprocher et à réunir les atomes ?
Lucrèce, avec un sens véritablement scientifique,
qu'on ne saurait trop admirer, repousse les explica-
tions faciles et superficielles. Il eût été excusable,
seize cents ans avant Galilée, d'admettre que les
atomes, différant de volume, diffèrent aussi de poids
et de vitesse, et que, par conséquent, les plus gros
augmentent incessamment de volume en s'annexant
les plus petits, et de vitesse en augmentant de poids.
Mais Lucrèce a compris que les différences de volume ne pouvaient entraîner des différences de vitesse
dans le vide, il a senti et évité le piège. A cette ressource suspecte, il a préféré le clinamen d'Épicure (2).

Le clinamen est une déviation de la verticale que
les atomes accomplissent spontanément ; cette déviation les rapproche les uns des autres, elle les combine et les unit. Tel est le quatrième et dernier agent
de cette création aveugle.

(1) Liv. II, 141.
(2) Liv. II, 235.

Le clinamen est connu : il n'y a guère de conception philosophique qui ait été plus décriée. A première vue, en effet, c'est un expédient pitoyable.
Lucrèce lui-même semble le recommander à l'indul-
gence de la critique, et le présente avec une modestie, une timidité qui n'est pas dans ses habitudes.
Oui, l'atome dévie de la verticale, mais si peu ! *nec
plus quam minimum !* Ce qu'on demande est si peu
de chose que la courtoisie fait un devoir de l'accorder !

Mais ne nous y trompons pas. Le clinamen est une
hypothèse sérieuse : seulement nous nous étonnerons
à bon droit qu'elle ait été faite par les philosophes qui
avaient le plus d'intérêt à la repousser.

Qu'est-ce, en effet, que le clinamen ? C'est la force
individuelle qui, tout en subissant l'action de la force
universelle, la modifie dans une certaine mesure et
en tire des effets particuliers. C'est le principe de
l'action individuelle, et, dans l'homme, de l'action
personnelle, volonté et liberté. Loin de repousser le
clinamen, les spiritualistes auraient dû l'inventer ;
loin de limiter son pouvoir, ils ont intérêt à l'étendre.
Mais le matérialisme, après en avoir usé comme d'un
expédient, devait se hâter, comme il le fait, de le
reléguer dans l'ombre. On pourrait lui demander
comment il l'associait au mouvement universel : s'il
les mettait ensemble dans l'atome, comment deux
mouvements contradictoires pouvaient-ils se partager
la même substance ? D'autre part, mettre le mouvement universel hors de l'atome, c'était reconnaître
un premier moteur et saper les fondements du système.

Lucrèce, après avoir posé le clinamen, veut le démontrer par expérience, et il cherche ses preuves là où elles sont en effet, dans la conscience. C'est la seule voie par où nous puissions pénétrer à l'intérieur de l'être. La volonté, dans l'homme, la spontanéité dans l'animal, tous phénomènes de conscience, sont autant de témoignages en faveur du clinamen. Lucrèce, autrefois, refusait à l'atome ce qu'on appelle des modifications internes ; où met-il cette activité qu'il découvre tout-à-coup ? à l'intérieur de l'atome, évidemment ; mais l'atome est ainsi complètement dénaturé. Ce n'est plus la parcelle de matière inerte que nous connaissions. C'est un être simple doué d'aperception ou de perception, c'est la monade de Leibnitz.

Lucrèce complète son argumentation en faveur du clinamen par une observation ingénieuse, qu'il a faite au cirque, sur les chevaux de course, ou sur lui-même dans la vie ordinaire : il a noté un intervalle appréciable entre la conception et l'exécution d'une volonté. Peu s'en faut qu'il n'ait mesuré cet intervalle qu'on mesure effectivement de nos jours. Le mouvement initial qui se propage dans les corps animés prouve sans doute l'existence du clinamen, mais aussi d'une force centrale qui donne le branle à tout un système de forces coordonnées. Nous voilà bien loin du matérialisme, et comment nous en sommes-nous éloignés ? par l'observation des faits.

Une fois en possession du clinamen, Lucrèce compose le monde plus aisément. Grâce à ce mouvement propre, l'atome peut dévier de la verticale ; des rapprochements s'opèrent ; les atomes s'accrochent par

leurs angles, se collent par leurs surfaces, et forment
des agglomérations de plus en plus considérables. La
création commence ainsi, bien au-dessous de la portée de nos sens, dont elle se rapproche peu à peu :
paulatim ad nostros sensus ascendit. Nous la voyons
à l'œuvre pour la première fois dans ces poussières
qui se jouent sous un rayon de lumière : ces corpuscules qui s'entrechoquent et rebondissent, se saisissent et se lâchent, nous représentent fidèlement tout
le travail de la création. Pour une rencontre qui abou-
tit à une combinaison, nous en voyons des milliers
qui sont inutiles ; ainsi, dans l'univers, il y a infiniment plus de force perdue que de force employée à
propos. Toute la matière s'agite, mais cette agitation est
stérile dans la grande majorité des cas. Ces poussières
atmosphériques que nous contemplons d'un œil distrait
acquièrent tout à coup une importance considérable.
Elles nous apprennent le grand secret ; ce sont les témoins de ce qui se passe à l'origine des choses ! Notre
imagination se laisserait volontiers séduire, mais la raison se défend. Elle connaîtra un jour la nature de ces
corpuscules flottants ; en attendant, elle refuse de
supprimer l'ordre et l'intelligence du monde sur la
foi des poussières atmosphériques.

Mais ce témoignage suffit à Lucrèce. En conséquence, l'ordre n'est à ses yeux qu'une exception, et
le monde est un résultat méprisable, comparé à la
somme énorme des forces qui s'épuisent éternellement sans rien produire. La création se réduit donc à
peu de chose, et se passe aisément d'une intelligence

(1) Liv. II, 115.

qui la conçoive, d'une puissance qui l'exécute et d'une Providence qui la gouverne. La nature arrive parfois à un résultat quelconque; il le faut bien, avec tant de matière, d'espace et de mouvement! Elle arrive même à charmer nos sens et notre esprit, qui lui attribue une intelligence imaginaire : *natura gubernans!* Mais ce n'est qu'une illusion. Lucrèce lui-même s'y laisse aller à l'occasion; il a des tendresses subites pour la nature; il ne peut pas rompre complètement avec les habitudes et le langage de l'humanité; il est poète, d'ailleurs, il a ces sens délicats et cette imagination vive que la nature charme quelquefois. Mais la beauté n'existe qu'à la surface et recouvre une somme infinie de désordre que Lucrèce se plaît à nous montrer, plus habile peut-être à nous désoler par le spectacle du mal qu'à nous réjouir par la peinture du bien. Cependant, que de bonne volonté ne faut-il pas pour admettre toute cette métaphysique! Que la matière soit douée d'un mouvement universel, on l'accorde volontiers; mais que le mouvement universel soit modifié par des mouvements particuliers juste à point pour permettre aux atomes de se combiner, c'est une possibilité sans doute, mais une possibilité que rien ne rend vraisemblable. Qu'au-dessous du monde visible, où règne un ordre au moins apparent, il y ait une somme de désordre infiniment plus considérable, rien ne démontre absolument le contraire. Mais c'est protester contre tout ce que nous voyons au nom de ce que nous ne voyons pas, à moins qu'on ne prenne au sérieux l'argument des poussières atmosphériques. Il sera toujours plus naturel de croire que l'ordre dont ce monde nous offre le spectacle se prolonge

dans le monde infra-sensible, condition et dépendance
du premier.

Puis la somme d'ordre que Lucrèce est bien obligé
d'admettre pour expliquer une création telle quelle,
s'obtient difficilement des atomes, quand on a fait des
atomes, en leur donnant le clinamen, autant de petits individus qui ont leurs mouvements et comme
leurs volontés particulières. Ils ne peuvent pas s'entendre entre eux ; Lucrèce le répète assez souvent
pour que nous le sachions bien ; comment se met-
tront-ils d'accord s'il n'y a pas hors d'eux une volonté
qui les discipline? Par hasard! Soit, c'est encore possible. Mais un hasard qui se répète autant de fois
qu'il y a d'atomes organisés dans le monde, est un
hasard bien singulier, un hasard tout différent de ce
que ce mot désigne dans toutes les langues. — Les
atomes, il est vrai, sont munis de crochets et d'angles
qui s'ajustent les uns aux autres, ou plutôt, en langage moderne, les atomes sont doués d'affinités mu-
tuelles. Mais Lucrèce le dit lui-même : les affinités ne
se manifestent que dans les circonstances favorables (1) : Qui amènera les circonstances favorables? Le
hasard encore ! Que de puissance on va décerner au
hasard ! Ne craint-on pas de rétablir sous ce nom la
divinité qu'on veut abolir?

VII

L'infini dans la nature.

La conception d'un Dieu, c'est-à-dire d'une volonté
intelligente qui dispose de toutes les forces éternelles,

(1) Liv. VI, 1063.

conduit à l'idée de la toute-puissance. Cette idée sim-
plifie le problème de la création. La toute-puissance
de Dieu donne réponse à tout. Les matérialistes se
raillent volontiers de cette toute-puissance qui leur
paraît d'un usage trop commode. Mais les matérialistes ont un expédient du même genre : ils ont investi
de la toute-puissance un être à qui elle ne convient
guère, c'est-à-dire l'atome. Comment arrivent-ils à
faire l'atome tout-puissant? Par une opération métaphysique des plus hardies, qui consiste à multiplier
les infinis.

Qu'il y ait plusieurs infinis, rien n'est plus évident,
si l'on reste dans les abstractions. Ainsi, la progression infinie 2, 4, 8, se développera parallèlement à
une infinité d'autres progressions non moins infinies,
et il y aura des infinités d'infinis de ce genre contenus
les uns dans les autres.

Mais quand on passe des abstractions aux réalités,
la question change d'aspect. Il paraît impossible que
la réalité actuelle ne soit pas un tout et qu'un tout
n'ait pas ses limites. La somme de l'être, si grande
qu'on la suppose, est une somme calculable ; il suffira
de s'entendre sur la quantité qui servira d'unité. Que
cette unité soit l'atome ou la nébuleuse, le nombre
pourra varier dans des proportions considérables,
mais il aura toujours une fin ; la progression 1, 2,
4, etc., atteindra ce nombre beaucoup plus lentement
que la progression 1, 2,000, 4,000,000, etc., mais elle
l'atteindra à la longue. Ces progressions pourront se
prolonger ensuite, mais hors de la réalité qu'elles dé-
borderont de toute part; seulement, quelle sera l'unité
adoptée pour ce calcul? Cette unité ne sera pas

l'atome, que nous ne pouvons admettre comme absolu ; ce sera encore moins la nébuleuse. Si notre
esprit peut la rencontrer quelque part, c'est dans la
somme elle-même ; la somme de l'être est en effet la
seule unité qui nous offre un caractère absolu. Nous
retrouvons ici l'Un des métaphysiciens antiques, l'Un,
somme de toutes les réalités, l'Un, source de toute
existence, l'Un, origine de tout nombre, et le seul
nombre qui puisse s'appeler infini.

Tout autre infini, soit par division, soit par multiplication, est irréalisable et reste dans l'esprit sous forme
d'abstraction. Cette abstraction n'est pas une idée inutile ; elle marque la limite du possible, soit en grandeur, soit en petitesse ; entre ces deux extrêmes se
meut la réalité qui n'arrive jamais à 0 par division, ni
à ∞ par multiplication, et si l'on admet que la réalité
soit l'œuvre de la toute-puissance divine, l'infiniment
grand et l'infiniment petit sont les limites, mais les
seules limites de la puissance divine.

Le spiritualisme est allé quelquefois jusqu'à admettre
que l'infiniment grand et l'infiniment petit étaient
réalisés. On considère alors Dieu comme une source
d'être infinie, sa substance devient inépuisable et sa
toute-puissance illimitée ; l'espace, le temps et le
nombre sont les mesures de la création qui les remplit. Entre cette théorie et la nôtre, il n'y a au fond
qu'une nuance : mais les discussions sur l'infini ne
peuvent s'élever qu'entre spiritualistes. Les matérialistes n'ont pas le droit d'admettre un infini réel, et
cependant ils en demandent plusieurs. Jamais philosophes n'eurent une telle soif de l'infini.

En effet, le matérialisme admet une unité fixe et

déterminée, l'atome, limite de toute division : il s'interdit de prolonger la nature, même par la pensée, au-dessous de l'atome, vers l'infiniment petit. Le monde, somme des atomes, ne saurait être infini, car il n'y a pas de somme infinie d'unités finies. En s'imposant une limite du côté de l'infiniment petit, le matérialiste s'est fermé du même coup toute perspective vers l'infiniment grand.

Or, Lucrèce demande d'abord qu'on lui accorde un nombre d'atomes infini : cette demande est étonnante ; car l'atome étant une réalité, la somme des atomes est réelle : comment concevoir une réalité qui ne soit pas définie de toute façon, en nombre comme en qualité ?

Autre difficulté : tous les atomes sont disséminés dans tout l'espace, et dans tout l'espace ils se meuvent de haut en bas. Le clinamen modifie à peine cette direction primitive ; singulier déplacement, qui ne laisse pas de vide en haut et ne remplit pas de vide en bas! Cet espace infini où la matière se trouve également répandue est encore moins capable de haut et de bas que le vide immense où Newton fait flotter l'univers. Lucrèce pouvait s'épargner cette difficulté, qui est énorme, en acceptant une théorie, alors hypothétique, mais déjà vraisemblable, qui substituait le mouvement circulaire au mouvement rectiligne. Pourquoi n'a-t-il pas 'accepté le bénéfice de cette hypothèse? Pourquoi l'a-t-il rejetée avec mépris et renvoyée aux idiots, *stolidis* (1)? Il craignait de la payer trop cher. Le mouvement circulaire lui paraissait évi-

(1) Liv. I, 1067.

demment dangereux pour une philosophie qui entendait se passer d'un géomètre éternel et de combinaisons savantes. Il s'emporte contre les rêveurs qui
parlent des antipodes : mais les beaux vers qui de-
vaient, dans sa pensée, mettre en lumière l'absurdité
de l'hypothèse, servent aujourd'hui à exprimer élé-
gamment un fait démontré pour les plus humbles
écoliers. Les matérialistes de nos jours ont pris leur
parti du mouvement circulaire : il le faut bien. Mais
l'animosité particulière dont Lucrèce honore les auteurs
de cette théorie mérite d'être signalée ; elle se comprend mieux que la sécurité affectée des matérialistes
modernes en présence des faits qui ont confirmé cette
hypothèse contrariante.

Mais en supposant la matière infinie, Lucrèce obéis-
sait à une impérieuse nécessité. Si les atomes étaient
en nombre fini, dans l'espace infini, ils s'écarteraient
sans cesse les uns des autres ; toute combinaison serait impossible (1). Pour prévenir cette dispersion, il
faut remplir l'espace d'atomes, et c'est ce que l'on fait,
par besoin plutôt que par logique. D'autre part, si le
nombre des atomes était fini, la source du mouvement
pourrait être épuisée : un nombre infini d'atomes pré-
venait ce fâcheux accident, rendait infini le nombre des
arrangements possibles, ne permettait pas à la nature
de s'arrêter, mais la rendait propre à toutes les
combinaisons possibles et entre autres le monde dont
nous faisons partie. Le matérialisme se procure ainsi,
à la place de la toute-puissance, qu'il abolit, la possibilité de tout, la toute-possibilité, oserions-nous dire,

(1) Liv. I, 1015.

qui, sans intelligence et sans volonté, arrive à créer l'univers.

Cette conception est grande assurément ; elle donnerait au matérialisme une force redoutable si elle ne reposait sur une base ruineuse. Mais elle conserve, en dépit de la critique, une incontestable magnificence. Dans cet espace infini, l'univers devient infini. Le nombre des atomes qui se combinent est peu de chose auprès du nombre des atomes qui s'agitent inutilement ; mais qu'importe ? La plus petite fraction de l'infini est elle-même une quantité infinie. Le point de l'espace où nous vivons n'est pas privilégié ; il y a des mondes partout. Ne parlons pas de pluralité des mondes au matérialiste : il en veut une infinité. Que l'on prenne pour unité l'atome ou la nébuleuse solaire, on n'arrivera pas au chiffre qui exprime la quantité de l'univers. L'imagination reste confondue ; de vastes horizons s'étendent de toutes parts et l'on sent renaître, en présence de la nature ainsi conçue, ce sentiment religieux que le matérialisme voulait éteindre. Comme si l'idée de l'infini était nécessaire à toute philosophie, elle rentre victorieusement dans le matérialisme et imprime à ce monde sans Dieu un caractère divin. Lucrèce entend dans un lointain mystérieux la voix qui ravissait le Psalmiste : *Cœli enarrant gloriam Dei.*

VIII

Limite de la possibilité.

Ainsi, la toute-puissance divine se trouve remplacée dans le matérialisme par la toute-possibilité.

Mais il y a un autre attribut de Dieu, l'intelligence. Certains phénomènes attestent un choix des moyens, un calcul des résultats, en un mot une action savante et réfléchie qui suppose non-seulement l'intelligence, mais encore une intelligence transcendante, incomparablement plus grande que la nôtre, si l'on en juge par les efforts que nous a coûtés le peu que nous avons encore découvert et compris dans la nature. Les matérialistes sont obligés par leur principe de retrancher du nombre des causes cette intelligence qui tient le premier rang parmi les effets. Ils y arrivent par des arguments qui, sous des formes variées, reviennent toujours à nier la réalité de l'ordre, au nom du mal qui se voit dans le monde, puis à montrer que cet ordre prétendu se réduit à une certaine stabilité, et que la stabilité s'explique fort bien sans intelligence, par les propriétés éternelles de la matière. Dans cette argumentation, tous les matérialistes montrent plus ou moins d'habileté ; Lucrèce déploie une véritable puissance.

D'après Lucrèce, nous le savons, il n'y a point de limite à la possibilité des rencontres entre les atomes qui se meuvent éternellement dans l'espace infini ; mais il y a une limite à la possibilité des arrangements et des combinaisons.

Le nombre des atomes est infini ; mais le nombre des arrangements, permutations ou combinaisons possibles est fini. Dans ces conditions, les combinaisons possibles ne peuvent manquer de se réaliser. Prenons l'une d'elles, la combinaison de b à n. Les atomes, infinis en nombre, et mis sans cesse en présence les uns des autres par une source de mouvement inépuisable, se rapprochent à chaque moment de toutes les manières, et entre autres de la manière qui produit la combinaison de *b* à *n*. Cette conception, qui rend vraisemblable la création aveugle et spontanée, avait reçu dans l'esprit de Lucrèce la forme suivante.

Les atomes en nombre infini forment un genre qui se divise en espèces. Ces espèces sont déterminées par la figure, qui varie dans des limites fixes, plate ou ronde, lisse ou raboteuse, mais de telle sorte que les mêmes angles et les mêmes surfaces se reproduisent indéfiniment. Ces formes, peu variées, ne se prêtent donc qu'à un nombre limité de combinaisons. Distingués en espèces, les atomes transmettent la même distinction à tous les êtres qu'ils réussissent à composer. Ce sont toujours les mêmes choses qui naissent et renaissent dans le monde, parce qu'il n'y en a pas d'autres qui soient possibles. Ainsi, les créatures se groupent spontanément en espèces minérales, végétales ou animales : l'intelligence n'est pour rien dans ce classement. Mettons les affinités à la place des formes, et l'argument, devenu moderne, est ce que le matérialisme a inventé de mieux pour remplacer l'intelligence. A la sagesse éternelle qui combine ses moyens se substitue un mécanisme aveugle dont les effets sont éternellement réglés.

Le monde nous offre ainsi le spectacle d'une certaine stabilité qui produit l'illusion de l'ordre, mais qui est tout autre chose, car l'ordre est une harmonie parfaite entre les parties intégrantes d'un tout ; et les parties du monde, qui arrivent à former un tout, sont loin d'être en parfaite harmonie. Elles s'entr'aident ou se contrarient, toujours de la même façon, ce qui leur

donne ce caractère de stabilité ou d'ordre apparent,
mais elles produisent indifféremment le bien et le mal,
le plaisir et la douleur, ce qui leur ôte le caractère
d'ordre véritable.

Ainsi se trouve remplacée la sagesse divine ; ainsi
la création se fait, en dehors de tout plan, avec la régularité d'un plan. Lucrèce peut parler sans embarras
ni contradiction du gouvernement de la nature, *natura
gubernans*. Ce gouvernement s'exerce sans intelligence ; c'est moins une perfection qu'un défaut, puisqu'il résulte d'une limite imposée fatalement à la puissance de la nature ; c'est l'impuissance de rien produire en dehors d'un certain nombre d'effets.

Voilà le monde créé. Et comment dure-t-il ? Par les
mêmes causes, c'est-à-dire par l'afflux continuel des
atomes qui viennent remplacer ceux qui s'échappent
des corps. Pour le matérialiste comme pour le spiritualiste, pour Lucrèce et Büchener comme pour Descartes la conservation est une création continue. Les
atomes, momentanément arrêtés dans une combinaison, n'y restent pas longtemps captifs ; ils reprennent
bientôt leur course sous l'influence du mouvement
initial qui les sollicite à s'échapper, et sous la pression
des autres atomes qui les suivent. Le même courant
les apporte, les emporte et les remplace aussitôt.
Corps vivants et corps bruts ne subsistent qu'à la condition de se nourrir par le dedans ou par le dehors.
Ainsi se conservent les êtres de toute espèce.

Il semble que tout soit prévu et que les objections
se trouvent réfutées d'avance. Que peut réclamer la
raison ? Toute rencontre entre les atomes étant possible, on n'a plus besoin d'une volonté toute-puissante ;

certaines combinaisons étant seules réalisables, on se
passera d'intelligence. Quant à l'imagination, elle
serait bien difficile si elle n'était charmée du matérialisme. Là où nos sens ne voient que le repos, règne
un mouvement perpétuel ; ce qui nous paraît le plus
fixe dans le monde, notre existence, s'use et se renou-
velle sans cesse ; en nous, comme hors de nous, il n'y
a que succession et écoulement sans fin. La réalité est
plus fugitive encore que le fleuve auquel la comparait
Héraclite. Sous cette surface paisible que perçoivent
nos sens, s'opèrent des constructions et des destruc-
tions qui nous échappent. Si l'imagination a rendu
quelques services au matérialisme, il faut convenir
qu'elle en est bien payée.

A cette théorie on opposerait vainement la fameuse
comparaison que Cicéron et Fénelon ont rendue populaire. Oui, sans doute, il est impossible de concevoir que des caractères de l'alphabet, jetés dans une
urne, en nombre égal aux lettres de l'Iliade, finissent
par composer l'Iliade. Mais cette comparaison, pour
s'appliquer à la doctrine de Lucrèce, doit subir quelques corrections importantes : 1° il n'y a que de l'ordre dans l'Iliade, œuvre de l'intelligence, tandis que
le monde, œuvre de la nature, offre une somme immense de désordre. Outre la quantité infinie d'atomes
qui ne trouvent place dans aucune combinaison, il y a
des combinaisons qu'on ne peut regarder comme in-
telligentes ; pour nous borner à la terre, les roches,
c'est-à-dire la plus grande partie du globe, sont un
mélange confus de tous les éléments ; le chimiste, qui
les fond et les dissout dans ses creusets, compose avec
les mêmes éléments des corps bien plus harmonieux.

C'est dans le laboratoire d'un chimiste et non dans les
entassements confus de la nature, qu'il faut chercher
une œuvre bien ordonnée et comparable à l'Iliade ;
2° le nombre des caractères de l'Iliade est fini ;
mais le nombre des permutations qu'ils peuvent opé-
rer entre eux est relativement considérable, sinon
infini.Toutes les lettres étant sans cesse employées dans
chaque combinaison, il ne se produit jamais qu'une
combinaison à la fois ; celle qui doit réaliser l'Iliade
pourra se trouver indéfiniment ajournée au profit de
combinaisons infructueuses ; l'Iliade aura donc peu
de chances de naître. Ces chances paraîtront encore
moindres si l'on réfléchit que le hasard ne peut se
corriger, qu'il peut retomber dans les mêmes fautes,
et que, pour lui, une erreur commise ne diminue pas
d'une unité le nombre des erreurs à commettre. Mais
le problème est posé tout autrement dans Lucrèce.
Ici, le nombre des atomes est infini, et ces atomes ne
peuvent se prêter qu'à un petit nombre d'arrangements précis. L'infini et le fini s'entr'aident. Il y a des
atomes en assez grande quantité pour produire à la
fois toutes les combinaisons possibles, et entre
autres la combinaison qui réalise le monde. Sur
le nombre infini des atomes qui s'agitent dans l'espace, il n'y en aura jamais qu'une fraction qui réus-
sira à créer ; mais qu'importe? une fraction de l'infini est infinie. L'univers sera toujours sans limite.

Si les lettres de l'Iliade étaient dans les mêmes conditions, innombrables, incessamment rapprochées les
unes des autres par un mouvement éternel et si elles
ne pouvaient s'unir que dans l'ordre déterminé où
nous les voyons, ce n'est pas une Iliade, mais une

infinité d'Iliades qui se formeraient spontanément. Lucrèce a ainsi conçu la création du monde ou plutôt de mondes innombrables, en multipliant à l'infini les forces créatrices, matière, espace, mouvement, et en réduisant à l'unité ou à un nombre très petit les effets réalisables par le concours de ces forces infinies.

Oui, avec ce nombre infini d'atomes éternellement agités, d'une part, avec ce nombre limité d'affinités entre les atomes, d'autre part, on peut comprendre qu'il se forme certaines combinaisons toujours les mêmes, où l'uniformité produise l'illusion de l'ordre et de l'harmonie. Mais comment se fait-il que la possibilité d'abord indéterminée par la quantité innombrable des atomes, se trouve ensuite déterminée par la forme des atomes? Comment se fait-il que les atomes aptes à se combiner se trouvent en nombre infini, seule condition qui puisse leur permettre de se rapprocher et de se saisir au moins quelquefois? Comment se produit enfin cette limitation opportune de l'infini par le fini? — Elle se produit par un heureux hasard. Soit. Mais le hasard est trop souvent heureux dans la doctrine matérialiste. On dira bien que ce hasard n'opère pas des miracles, qu'il perd plus de force et de matière qu'il n'en place utilement. Vain subterfuge! ces pertes mêmes ne sont plus qu'apparentes, si elles sont la condition du succès final, qui en somme est immense puisqu'il en résulte un univers sans bornes. Le hasard apparaît dans cette doctrine pourvu de tous les moyens, et si le soin de créer lui est abandonné, tout a été fait pour lui faciliter la réussite : on se demande involontairement qui l'a si bien doué. Au lieu du hasard, mettra-t-on la nécessité, qui a une apparence plus respectable et presque auguste? Mais il faut ou changer l'esprit humain, ou renoncer à cet abus de la nécessité. La nécessité donne les rapports entre les principes et les conséquences; elle ne donne pas les principes. Elle se manifeste dans la dépendance de la cause et de l'effet, mais non dans la cause seule : la cause première, qui n'est l'effet d'aucune autre, existe certainement, mais non nécessairement.

Or, la cause première, d'après le matérialisme, ne saurait être que la position relative où se trouvent les atomes à l'origine, quelle qu'elle soit, du mouvement créateur. Cette position n'étant point déterminée par l'intelligence, ne peut être que fortuite. Le hasard est nécessairement, dans le matérialisme, ce principe suprême d'où la nécessité découle; on ne peut le déposséder de ce sommet qu'il occupe en maître incontesté. Le matérialisme doit donc se contenter du hasard, comme cause première, et attribuer au bonheur de cet aveugle ce qu'on ne saurait attribuer à sa clairvoyance. Remplacer la clairvoyance par le bonheur, c'est là tout le secret; notre esprit se prête difficilement à cette substitution; il est habitué non pas à remplacer la clairvoyance par le bonheur, mais à unir ces deux choses et à faire de l'une la condition ou le prix de l'autre.

Autre difficulté qu'on peut faire à Lucrèce, en l'armant contre lui d'un argument qui lui appartient. Dans le passage où il critique l'homœomérie d'Anaxagore, il demande qu'on lui montre toute chose dans toute chose, le sang dans la pierre, le lait dans

l'herbe, etc., mais lui-même a recours au même expédient; il a aussi son homœomérie (1). L'observation et
la raison, a-t-il dit, l'obligent à reconnaître qu'il y a en
tout lieu des éléments de toutes choses. Pourquoi, en
effet, une espèce d'atome serait-elle exclue d'une partie de l'espace? Où sont les corps, bruts ou vivants,
qui ne trouvent leur nourriture qu'en un seul lieu du
monde? Ainsi, l'atome a dans Lucrèce le don d'ubiquité, encore un attribut divin! Mais tandis que l'*omni-
présence* de Dieu, c'est-à-dire d'une puissance intelligente, explique l'ordre de la nature, l'ubiquité de
l'atome nous replonge dans le chaos. Si toutes les
espèces d'atomes se rencontrent partout, pourquoi
telle chose est-elle ici et telle autre là? Rien n'est
possible, si tout est possible à la fois en tout lieu. Anaxagore remédiait à cette confusion par la présence
universelle de l'intelligence qui faisait dominer ici les
principes de la pierre, ailleurs ceux du bois. — Mais
cette confusion paraît sans remède dans Lucrèce, qui
repousse l'intelligence, et ne trouve rien pour la remplacer, car elle ne se remplace pas. Les éléments
accumulés dans chaque partie de l'espace ne pourront être démêlés que par le hasard : il n'est guère
dans les habitudes du hasard de remédier au désordre; on comprendrait plus facilement qu'il augmen-
tât la confusion. — Or, tous les matérialistes en sont
là, tous éprouvent le même embarras que Lucrèce
pour expliquer la formation du monde; il leur manque une puissance capable de débrouiller le chaos.
Beaucoup d'entre eux paraissent compter sur la pola-

(1) Liv. II, 201.

rité, force attractive qui unit les semblables aux semblables, et se révèle surtout dans le cristal ; mais la
polarité suppose entre les atomes similaires une force
qui les rapproche : une fois cette force admise, il y a
autre chose que les atomes, autre chose que la matière. Quand la polarité se borne à unir deux atomes,
il est déjà difficile de la considérer comme un simple
mécanisme. Mais on lui fait fabriquer des cellules
vivantes avec le bol alimentaire, et distribuer ces
cellules aux organes qui en ont besoin : quelle apparence qu'une force aveugle suffise à une tâche si
compliquée et si savante ? La difficulté n'est que dé-
placée, si l'on suppose au-delà des atomes cette substance primitive qu'admettent certains philosophes et
que cherchent certains chimistes. Cette substance
uniforme, partout égale à elle-même, indifférente à
tout, ne contiendra aucun principe de *différenciation;*
elle restera éternellement immuable et improduc-
tive.

Le matérialisme se vante d'expliquer le monde par
ce qu'on observe dans le monde, de l'espace, du mouvement, de la matière, et rien de plus. Mais il se
vanterait à tort de ne pas faire de métaphysique; il
échappe moins que tout autre système à la nécessité
de dépasser l'expérience pour remonter aux origines.
Sa force consiste à identifier la cause et la substance
du monde : c'est précisément ce qu'il a de moins
original et de plus métaphysique, car tous ces systèmes purement rationnels aboutissent à la même conclusion. Enfin, ce n'est pas s'interdire la métaphysique, c'est au contraire en abuser sans pudeur que
d'admettre tour à tour, suivant les besoins du système,

une possibilité infinie, puis une possibilité limitée. Le matérialisme s'aventure plus loin que toute autre philosophie dans ces régions où la vérité et l'erreur, en s'éloignant des faits, échappent également à la démonstration et à la réfutation. Aucun système ne demande tant de complaisance à la raison, qui aime retrouver dans les hypothèses les traits essentiels de la réalité. Or, la réalité nous apprend à supposer, comme condition de toute combinaison, l'intelligence; comme condition de toute action, la volonté; voilà pourquoi, de toutes les hypothèses métaphysiques, la plus vraisemblable sera toujours la plus modeste et la plus vieille, celle qui attribue la volonté et l'intelligence à la cause première.

Mais, dira-t-on, l'intelligence et la volonté existant parmi les effets ne sauraient figurer parmi les causes. Quel effet ressemble à sa cause? quelle œuvre à son ouvrier? quelle maison à son architecte? Cette objection ne peut être un embarras sérieux. Fût-il démontré, suivant le mot de Spinoza, que l'intelligence humaine ressemble à l'intelligence divine comme le chien quadrupède à la constellation de même nom, il n'y aurait pas lieu de s'émouvoir, ni de nier l'une plus que l'autre. On peut renoncer à faire de l'homme l'image de Dieu sans ôter à Dieu l'intelligence et la volonté: l'anthropomorphisme n'est pas le dernier mot de la philosophie. Mais il ne faut pas oublier non plus que la cause première se manifeste dans la création autrement que l'homme dans ses œuvres. Aristote dit avec raison: L'art produit hors de soi et la nature en soi; en d'autres termes, l'œuvre de l'art est séparée de l'ouvrier, mais l'œuvre de la cause première

reste partie intégrante de la substance éternelle.
Peut-être l'intelligence qui luit dans les créatures
a-t-elle plus de ressemblance que ne le suppose Spinoza avec la splendeur et la plénitude de l'intelligence
divine.

Telle est la métaphysique de l'Epicurisme : à peine
modifiée et certainement peu fortifiée par le matérialisme moderne. Voyons maintenant sa cosmogonie.

IX

Cosmographie de Lucrèce.

La science n'est pas indifférente à la religion ; elle
la fortifie ou la ruine ; elle est son alliée ou son enne-
mie. Elle fut d'abord son alliée. Si « la crainte inventa
les dieux », comme le dit Lucrèce, c'était une crainte *Stace*
intelligente, qui fut bientôt secondée et tempérée par
des sentiments plus nobles, l'admiration et la reconnaissance, à mesure que la nature mieux connue
donna une plus haute idée de son auteur. Les races
les mieux douées ont fondé les premières religions
dignes de ce nom.

Mais on conçoit sans peine que ce mouvement naturel ait été suivi d'une réaction aux époques scientifiques. Que voit, en effet, le savant lorsqu'il examine
le monde ? Au sommet, les êtres organisés, animaux
ou plantes, et au-dessous le minéral qui fournit, dans
la génération et la nutrition, la matière première de la
vie. Le savant croit reconnaître les derniers termes
d'une progression croissante, et, fût-il hors d'état de

remonter toute la série, il conclut assez logiquement
que le premier terme de la progression est l'être irréductible, l'être minimum, une quantité voisine de zéro;
il arrive même à trouver cette conception assez scientifique. Cet être qui existe à peine se trouve propre à
tout parce qu'il n'est rien en particulier; Lucrèce, ici
comme ailleurs, formule en maître le principe de son
école; il ne veut pas que l'atome ait des propriétés
trop marquées, *emineat ne quid*, dans la crainte qu'il
n'ait trop peu d'aptitudes; et c'est pour ce motif qu'il
rejette la théorie des quatre éléments, ou d'un élément
unique. Cette progression n'est-elle pas évidente dans
le développement de la vie? ne voit-on pas les espèces
inférieures précéder les supérieures, puis celles-ci se
nourrir de celles-là? Les atomes qui s'élèvent au
sommet de la vie, dans le cerveau de l'homme, par
exemple, ont traversé non-seulement les étages inférieurs de la vie animale, mais encore la vie végétale
qui elle-même les a puisés dans le monde inorgani-
que : le cerveau de l'homme n'est, pour ainsi dire,
qu'une société d'atomes parvenus. Il y a donc, dans le
spectacle du monde, certaines apparences favorables
au matérialisme. Si les athées ne pouvaient être que
des sots, au temps du psalmiste, ils peuvent de nos
jours être des hommes d'esprit et même des savants
très sérieux.

Toutefois, on peut en appeler de ces apparences à
des considérations plus profondes. Admettons la progression : mais, dans la progression, c'est la raison qui
est le principal. Quel facteur multiplie chacun des
termes pour produire le terme suivant et amener
graduellement l'atome de l'état où il est dans le chaos

à l'état où il est dans le cerveau de l'homme? Ne cherchons pas à nier (ce serait peut-être possible), qu'il y ait une évolution, c'est-à-dire un progrès continu dans les transformations de la substance. Chacun sait, comme Lucrèce, que si la pluie cessait de tomber, on ne verrait plus « une brillante jeunesse fleurir dans nos cités. » Mais il y a loin de la goutte de pluie qui coule sur le sol à la goutte de sang qui fait battre le cœur du jeune homme, loin encore de la goutte de sang aux muscles, aux os, aux nerfs qu'elle forme et qu'elle nourrit. La science aura beau découvrir de nouveaux intermédiaires et rapprocher les termes de la progression : elle diminuera la raison, elle ne la supprimera point, et la petitesse de la raison n'en fera que mieux sentir la puissance et la sûreté du calcul qui règle la marche ascensionnelle de la création.

Un progrès constant suppose autre chose qu'un mécanisme aveugle. Le matérialisme, qui s'interdit l'usage de toute force intelligente, explique chaque phénomène de la création par une heureuse rencontre. Et il reproche au spiritualisme ses miracles ! mais c'est vraiment dans le matérialisme que le miracle règne en maître, si l'on entend par miracle un événement inexplicable ou mal expliqué.

Le premier problème que présente la cosmogonie est le passage de l'état diffus à l'état compacte, ou l'agglomération des atomes qui forment les grandes masses homogènes, la terre, l'eau, l'air et les astres. Pour nous, l'hypothèse de La Place ne laisse rien à désirer : elle assimile ces vastes phénomènes à des faits que nous observons tous les jours ; elle donne à

ces faits qui nous sont familiers des proportions mer-
veilleuses : une goutte d'huile est suspendue dans un
liquide convenablement préparé ; on l'agite, elle se
sépare en gouttelettes qui se divisent à leur tour, gra-
vitent les unes autour des autres, tout en restant sous
l'influence du centre commun ; ainsi le soleil, en tour-
nant sur lui-même, a projeté ou abandonné dans l'espace les planètes et leurs satellites ; ainsi les nébuleuses se divisent en soleils. Ce spectacle satisfait
notre raison, parce qu'il est vraisemblable, et il ravit
notre imagination, parce qu'il est grand. Lucrèce a su
remplir les mêmes conditions de vraisemblance et de
grandeur. Comme La Place, il assigne une origine
commune à toutes les parties de notre univers : la
terre s'est formée d'atomes épais et anguleux qui se
sont unis fortement ; ces atomes, en se resserrant,
ont chassé de leurs interstices l'eau qui s'est alors dé-
posée à la surface du sol comme une sueur. La condensation de plus en plus forte a exprimé des masses
antérieurement formées des essences de plus en plus
légères, l'air et l'éther, qui se sont superposés l'un à
l'autre dans l'ordre de leur légèreté. Une éponge de
plus en plus pressée serait l'image fidèle de cette cosmogonie. Dans Lucrèce, comme dans La Place, la
création est l'amplification magnifique d'un phénomène
vulgaire ; le ciel et la terre résultent du même mouvement et forment un seul système. L'hypothèse de
Lucrèce a pu suffire à la raison et à l'imagination des
anciens, comme l'hypothèse de La Place satisfait la
raison et l'imagination plus exigeantes des modernes,
mais à une condition : c'est qu'en répondant à la
question comment, Lucrèce et La Place ne nous inter-

disent pas les questions pourquoi? et par qui? Étant donné un progrès quelconque, et, par exemple, le passage de l'état chaotique à l'état cosmique, l'esprit humain cherche immédiatement l'auteur de ce progrès. Est-ce une indiscrétion? Non, sans doute; car il y a là plus qu'un changement, il y a une amélioration, et l'amélioration nous fait invinciblement supposer que le changement a été voulu et calculé. Nous ne pouvons en faire honneur au hasard; car le hasard ne s'instruit pas, même par ses fautes, et le temps, qu'on voudrait parfois lui donner pour auxiliaire, ne saurait rien lui apprendre : le temps n'instruit que l'intelligence.

La concentration des atomes, qui forme les nébuleuses, puis, dans chaque nébuleuse, la condensation ultérieure qui forme les étoiles et les planètes, sont des progrès considérables qui attestent de l'intelligence : or, cette intelligence ne peut être attribuée aux atomes ; car, en fussent-ils doués, ils ne pourraient s'en servir pour se concerter ; l'atome pensant ne penserait que lui-même ; son individualité, qui est absolue par hypothèse, serait la limite fatale de sa connaissance. A qui donc attribuer l'intelligence? Et, si nous l'écartons, par quoi la remplacer, sinon par quelque chose d'analogue, mais de plus grand? — Nous la remplacerons par les propriétés des atomes! — Quelles propriétés? Il était déjà difficile de vous accorder à la fois l'infinité du nombre et la spécialité des formes ou des affinités, le mouvement éternel et le clinamen : mais ces concessions ne suffisent plus. Les atomes, mieux connus aujourd'hui, font pour se réunir des mouvements très compliqués ; ils se dirigent vers un

centre, comme à un rendez-vous, par des chemins
opposés ; on dirait qu'ils se cherchent, avant de se
connaître, ou qu'ils se connaissent, avant de se rencontrer. Les qualités dont Lucrèce les dotait si géné-
reusement ne peuvent plus leur suffire ; c'était assez
dans l'hypothèse d'un mouvement vertical légèrement
modifié par le clinamen ; c'est trop peu pour le mouvement circulaire, à la fois centripète et centrifuge.
Ici, nous voudrions autre chose qu'un aveugle mécanisme. Les atomes ne vont pas seulement de haut en
bas, mais aussi de bas en haut ; les astres suivent des
courbes elliptiques qui se prolongent en spirales dans
l'espace infini, comme si un géomètre s'était plu à
combiner les lignes les plus complexes. Ces mouvements, direz-vous, sont aussi naturels que le mouvement vertical. D'accord : mais ils sont infiniment
moins simples et supposent infiniment plus de conditions réalisées. Le monde ne se compare plus exactement à une éponge pressée, qui rend l'eau et l'air dont
elle était pleine et se réduit enfin à une matière sèche
et compacte. C'est la goutte d'huile que le savant
soustrait à l'action de la pesanteur par un habile mélange de plusieurs liquides ; c'est le mouvement imprimé à cette goutte par une main attentive, armée
d'un instrument délicat et précis. On pouvait déjà demander à Lucrèce où il prenait la force qui pressait
son éponge, mais il aurait aujourd'hui bien d'autres
merveilles à nous expliquer, et il sentirait peut-être
le besoin de recourir à l'intelligence.

Lucrèce conçoit une infinité de mondes, et chaque
monde comme analogue au nôtre, dans ses traits gé-
néraux. Mais il semble lutter contre l'admiration que

les plus grands spectacles de la nature inspirent à
l'homme. Il craint de concevoir le monde comme trop
vaste et trop beau. Parmi tous les systèmes qui se discutaient alors dans les écoles, il préfère évidemment
ceux qui donnent de la nature l'idée la plus médiocre
et qui excluent le plus facilement le calcul et la réflexion. C'est là que son matérialisme se réfugie, c'est
là qu'il cherche la sécurité relative que toute métaphysique demande aux sciences exactes. On a tort de
le considérer comme l'admirateur constant de la nature. Il cherche plutôt à l'amoindrir qu'à l'exalter. Les
grands phénomènes qu'il se plaît à décrire sont les
catastrophes, comme les embrasements, les tremble-
ments de terre, les orages et les inondations ou les
fléaux, comme la guerre et la peste, auxquelles il joint
l'amour. La seule chose qu'il admire et loue sans restriction, c'est l'intelligence de l'homme, qui lutte contre
les difficultés de la vie et corrige peu à peu les défauts
de la création. En général, il célèbre la puissance de
la nature dans le mal plus volontiers que dans le
bien; il apprend au sage à la braver plus qu'à
l'aimer, et il ne lui permettrait pas de l'adorer.

Son astronomie est empreinte de cet esprit. Il craint
visiblement d'admirer; et chaque fois qu'il se défend
de l'admiration, il repousse la vérité et la poésie qui,
là plus qu'ailleurs, sont inséparables. Cette partie est
la plus faible de son poème.

La science de son temps, encore peu avancée, laissait le choix libre entre plusieurs hypothèses qui se
discutaient alors dans les écoles et que personne ne
pouvait démontrer ni réfuter victorieusement. On
avait déjà enseigné que la terre était ronde, mais on

ne l'avait prouvé qu'à demi. Lucrèce, profitant d'un reste d'incertitude, veut que la terre soit un disque aplati ; cette préférence se comprend chez un philosophe qui n'admettait que le mouvement vertical. On soupçonnait que la terre pouvait bien tourner autour du soleil, contrairement aux apparences, et Lucrèce ne devait pas ignorer cette opinion : il ne daigne pas la mentionner ; elle était si éloignée de la doctrine d'Épicure ! On pensait généralement que le soleil était un globe considérable ; Lucrèce se prononce hautement pour l'opinion contraire. Il veut que le soleil soit petit, aussi petit que nous le voyons. Il accumule les arguments pour soutenir cette hypothèse : une flamme dont nous sentons la chaleur et distinguons les contours n'est jamais plus grosse en réalité qu'en apparence. Mais le soleil inonde l'espace de sa chaleur et de sa lumière ! Oui, dit Lucrèce : peut-être le soleil n'est-il qu'une source d'où jaillissent la lumière et la chaleur, une sorte d'ouverture par où passent les courants ignés qui viennent de l'espace infini. Peut-être aussi l'air est-il imprégné et saturé de chaleur obscure, qui n'attend pour éclater qu'un choc relativement léger. Enfin, pour dépouiller plus complètement le soleil de son prestige, Lucrèce tente sérieusement de le transformer en feu follet : tous les matins, une flamme s'allume à l'orient et s'éteint à l'occident ; ce sont peut-être des corps lumineux qui arrivent ainsi de l'espace infini, à des intervalles réguliers ; qu'y aurait-il d'étonnant dans cette régularité ? C'est ainsi que le printemps succède à l'hiver et les fruits aux fleurs. Il faut, convenons-en, beaucoup d'aveuglement volontaire pour ne pas découvrir le cercle vicieux dans un raisonnement qui explique la régularité du soleil par celle des saisons.

D'autres détails trahissent le même esprit. Ainsi, le ciel tourne, mû par un courant d'air extérieur, comme une roue à aubes par l'eau d'un ruisseau. La lune cependant importune notre philosophe ; par sa clarté, pendant la nuit, elle proteste contre une doctrine qui veut éteindre le soleil ou du moins le cacher derrière le disque de la terre ; par ses éclipses, elle fortifie les présomptions les plus défavorables à l'astronomie puérile des Épicuriens : la lune resterait-elle en communication avec le soleil pendant la nuit ? serait-elle assez éloignée de la terre pour passer habituellement en dehors du cône d'ombre ? serait-ce l'ombre de la terre qui se dessine en rond sur la surface de la lune ? Lucrèce essaie de substituer à cet astre contrariant une petite boule, une sorte de paume, qui a un côté lumineux et un côté obscur ; accidentellement, cette boule traverse des régions de l'atmosphère moins transparentes ou passe au-dessus de corps opaques qui interceptent ses rayons. Lucrèce aimerait encore mieux, s'il était possible, remplacer la lune, comme le soleil, par une succession de météores ; il nous met au défi de lui démontrer le contraire (1), ce qui est la dernière et la plus pauvre ressource d'un philosophe aux abois. Il se plaît ainsi dans ce petit monde, avec cette terre qui repose sur l'air, comme notre corps sur nos pieds, par un miracle d'équilibre ; avec ce soleil et cette lune qui ont tout au plus un pied de diamètre, avec ces étoiles qui sont, comme elles nous parais-

(1) Liv. V, 730.

sent, des étincelles éparses sur la voûte céleste, avec
ce ciel enfin formé d'éther et juste assez haut pour ne
pas se heurter aux plus grandes montagnes, le tout
mû par des courants extérieurs ou intérieurs que le
hasard amène des profondeurs de l'espace et modifie
de manière à produire les saisons. Or, dans ce monde
ainsi diminué, il reste encore trop de choses que le
hasard explique mal et qu'on voudrait expliquer autrement.

Quelle aurait été l'attitude de Lucrèce en présence
de la science moderne qui a démontré la grandeur de
l'univers? En d'autres termes, quelle est l'attitude des
matérialistes de notre temps? Le seul progrès que le
matérialisme ait accompli sur ce point, de Lucrèce à
Büchner, consiste à remplacer le hasard par la nécessité. Le hasard se trompait, avant de réussir; la nécessité n'hésite pas, elle marche à son but sans déviation possible. La nature n'a pu s'égarer parce
qu'elle n'a pas eu le choix entre plusieurs chemins;
elle procède sans intelligence et sans erreur, parce
que l'intelligence n'est pas nécessaire là où l'erreur
n'est pas possible. Un aveugle marchera parfaitement
droit entre deux barrières qui ne lui permettent pas
de s'écarter.

Mais la nécessité, nous le savons, suppose des faits
primitifs qui ne soient pas nécessaires; la nécessité
découle de l'éternel, mais elle ne le fait pas. Or, s'il
y a une vérité dans Büchner, c'est que « la raison est
la reproduction des lois de la nature; » si notre raison cherche au-dessus du nécessaire, un principe qui
le domine et qui le crée, nous n'avons pas le droit de
tout expliquer dans le monde par la nécessité. Dût

la nécessité se manifester toujours et avec évidence
parmi les causes secondes, ce qui est loin d'être le
cas, la cause première lui échapperait encore. Celle-
là du moins ne peut avoir été mue que par elle-même.
Or, ce qui se meut par soi-même et se meut progres-
sivement ne se conçoit pas ou se conçoit comme une
force intelligente. C'est la volonté par excellence, la
volonté que rien ne prédétermine, qui ne prend aucun de ses motifs hors de soi, et qui agit dans la plénitude de sa liberté. La science moderne, en révélant
la grandeur de l'univers, a créé quelques difficultés
de plus au matérialisme, et fourni des arguments au
spiritualisme.

X

La vie.

Quand il s'agit d'expliquer un autre progrès, le passage de la matière brute à la vie, les conditions rem-
plies, les difficultés vaincues, les problèmes résolus
par la force créatrice se multiplient infiniment. L'ordre s'étend aux plus petits détails de l'organisme. Il
semble que chaque cellule ait été mise avec réflexion
à la place où elle se trouve, et d'où on ne peut l'ôter
impunément. Alors plus que jamais les matérialistes
doivent faire appel à la fécondité de leur imagination,
et à la complaisance de leur raison. Lucrèce trouve
ici l'emploi naturel de ses facultés poétiques, favorisé
à la fois par son génie et par la science de son temps,
qui laissait beaucoup de liberté à l'invention.

La vie est un progrès sur l'état cosmique comme
l'état cosmique sur le chaos. Deux questions se po-

sent à la fois : 1° la transition de l'inertie à la vie ; 2°
le progrès ultérieur de la vie depuis son origine jusqu'à ses derniers développements. Nous verrons comment Lucrèce, et, à son défaut, les autres matérialistes résolvent ces deux problèmes. Mais quelle que
soit la force de leurs arguments, reconnaissons qu'*a
priori* toutes les présomptions sont en faveur de leurs
adversaires. Qu'est-ce, en effet, que la vie? C'est,
avant tout, l'acquisition d'un état interne qui, par
degrés, s'élève de la sensibilité la plus obscure à l'intelligence. Par la vie, l'existence devient une jouissance ou une souffrance, et acquiert les seules propriétés qui la mettent au-dessus du néant. Supposez
la vie de moins dans le monde, et toute cette masse de
matière, fût-elle infinie, fût-elle organisée merveil-
leusement, équivaudrait à zéro. La vie seule donne
quelque prix à l'univers; on peut dire qu'elle était le
but obligé de la nature, si la nature devait être quelque chose. Or, on n'arrive pas à un but spécial et
unique sans le connaître ou sans y être guidé. Que la
substance du monde ait connu son but ou qu'elle y ait
été conduite, peu importe au fond : c'est une question à débattre entre spiritualistes des différentes
écoles. Mais qu'elle y soit arrivée par hasard ou par
nécessité, c'est chose difficile, nous dirions impossible,
si l'on pouvait, en métaphysique, fixer des bornes à
la possibilité, si l'on ne pouvait encore bâtir un système sur une probabilité infinitésimale. Mais il suffit,
pour rendre un système suspect, de le faire reculer
jusqu'à l'extrême limite de la possibilité; il n'y a pas,
en métaphysique, de plus complète réfutation.

Les matérialistes essaient parfois de se garantir par

des artifices qui altèrent singulièrement la pureté de leur doctrine. Quelques-uns ont supposé que les atomes, capables d'états intérieurs, étaient mêlés dans la foule des autres et profitaient, pour s'établir, des premières circonstances favorables. D'autres, moins naïfs et plus logiques, ont enseigné que tous les atomes vivent, ou du moins que chacun d'eux forme une unité vitale ; qu'en s'agrégeant ils créent les animaux et les plantes, comme en se désagrégeant ils retombent dans l'inertie apparente de la matière.

Le but de ces hypothèses est visible ; on veut mettre la vie au nombre des choses éternelles qui se passent d'explication. N'est-ce pas déclarer que l'explication est impossible ? On reporte la vie de la fin au commencement de l'évolution créatrice ; on lui ôte le rang qu'elle occupe en tête des phénomènes, pour la classer parmi les principes. Mais là même, dans cette nouvelle place, elle est bien embarrassante. Si la vie est éternelle dans la matière, il faut changer la définition de celle-ci ; elle a d'autres propriétés essentielles que l'étendue et la solidité : la forme d'Aristote reparaît, et, comme dans Aristote, il n'y a plus de matière absolue. Est-ce encore le matérialisme ?

Mais ces critiques ne s'adressent pas à Lucrèce : notre auteur n'a point de ces scrupules. Aucune difficulté ne l'effraie ; toutes les objections lui paraissent légères ; il a la foi qui transporte les montagnes ou qui ne les voit pas. Ce n'est pas lui qui cherchera à créer des germes particuliers de sensibilité et d'intelligence, il vous dira cavalièrement qu'il ne conçoit pas un atome qui pleure ou qui rit. C'est se montrer peu difficile sur le choix des arguments, et les maté-

rialistes circonspects, qui demandent des germes ou
particules de vie disséminées dans l'espace, méritaient
peut-être une réfutation moins sommaire. Lucrèce ne
veut reconnaître dans la vie qu'un mécanisme particulier. Des atomes associés d'une certaine façon produisent la sensibilité et l'intelligence, en un mot
l'être vivant qu'on distinguera plus tard en corps
et en âme. La vie résulte de l'association, comme
la mort de la dissolution : hors de l'association,
il n'y a plus trace de la vie. Etrange théorie, qui met
dans l'effet une chose qui n'existe à aucun degré dans
la cause, et nous montre un *acte* que n'a précédé
aucune *puissance*. Il nous semble retrouver la création
e nihilo; et nulle part du moins la création *a nemine*
n'a pris un caractère si miraculeux, ni touché de si
près à l'absurdité.

Comment se forment ces associations d'où naît la
vie ? Spontanément, nous dit Lucrèce. La génération
spontanée est en effet la seule que puisse admettre le
matérialisme. Mais, comme tous les anciens, Lucrèce a
une manière de la concevoir bien plus poétique et bien
plus naïve que la nôtre. Hommes, animaux et plantes
ont été créés de toutes pièces par des courants d'atomes
qui existaient dans le sein de la terre. La génération
sexuelle qui domine aujourd'hui est un faible reste de
ces torrents de vie qui débordaient alors de toutes parts.
Maintenant encore, la génération spontanée n'est pas
éteinte complètement. Par exemple, de petites mem-
branes, qui se développent à la surface du sol, naissent
des sauterelles ou de chétifs insectes. Autrefois la terre
se gonflait sur de vastes étendues, et de ces énormes
ovaires, s'élançaient à un moment donné des élé-

phants, des chevaux, des quadrupèdes de toute sorte,
et enfin des hommes. Ces enfants de la terre vivaient
d'abord à portée des courants qui les avaient engen-
drés et qui continuaient à couler pour les nourrir. Le
lait qui gonfle les mamelles des mères est, dans notre
monde dégénéré, épuisé, une faible image de cette
abondance primitive, mais un effet analogue, car
c'est la suite du mouvement qui a organisé l'enfant, et
non une tendre attention de la Providence pour le
nouveau-né. Que de hardiesse et de grandeur dans
cette peinture ! que d'habileté pour ramener les deux
générations à une seule, en faisant de la génération
sexuelle un reste et un affaiblissement de la première, comme un filet d'eau qui coule à la place d'un
torrent ! Aujourd'hui, le matérialisme explique peu
différemment l'origine de la vie. Mais au lieu de cette
exubérance de la nature qui produit des animaux
pourvus de tous leurs organes, il nous représente les
commencements de la vie comme obscurs et informes,
et de là, par une gradation insensible, il tire toutes
les espèces vivantes. Au temps de Lucrèce il était
beaucoup plus hardi. Le domaine apparent de la
génération spontanée s'étendait plus loin qu'aujour-
d'hui ; on lui attribuait encore la création des vers,
des insectes et de quelques animaux supérieurs,
comme les anguilles et les rats. Aujourd'hui la génération spontanée, dépossédée du monde visible, s'est
réfugiée dans le monde invisible ; le microscope l'y
poursuit, et nous entrevoyons le moment où elle sera
contrainte de se réfugier dans la métaphysique, dernier asile des théories obstinées. Là, il sera permis de
protester que la génération est spontanée à l'origine,

parce qu'elle doit l'être ; que le premier œuf est sorti, non du premier animal, mais de la matière brute, et que la matière est par elle-même apte à s'organiser mécaniquement, de manière à produire la vie. Mais, dût l'expérience qui, jusqu'ici, refuse aux matérialistes cette satisfaction, découvrir le mécanisme qui fait des atomes une cellule vivante, la monère, par exemple, il n'en resterait pas moins vraisemblable que ce mécanisme lui-même est l'œuvre de l'intelligence, parce qu'il réalise un progrès. L'intervention de l'intelligence paraîtra plus manifeste dans le développement ultérieur de la vie, quand on verra les molécules s'organiser en protoplasme, le protoplasme en tissus, les tissus en organes et les organes en corps : cette marche, dont les étapes sont si nombreuses, ne cesse pas d'être une marche en avant. Un mécanisme, c'est-à-dire le mouvement ajouté au hasard, semble hors d'état de tout expliquer. L'ancien problème « est-ce l'œuf qui est sorti de la poule ou la poule de l'œuf » reparaît sous cette forme nouvelle : est-ce l'intelligence qui a produit le mécanisme ou le mécanisme qui a produit l'intelligence ? mais il reparaît dans des conditions qui, selon nous, rendent de plus en plus vraisemblable la priorité de l'intelligence. — On peut donc l'affirmer : la génération spontanée, qui n'a cessé de reculer devant l'expérience, pourrait, contre toute vraisemblance, triompher dans une lutte suprême, sans assurer la victoire du matérialisme. — La dispute porte au fond sur la qualité du mécanisme qui organise la vie, et l'on ne prévoit même pas la possibilité d'une expérience qui interdise de considérer ce mécanisme comme intelligent.

Les deux questions qui se posent aujourd'hui sur l'origine et sur le développement de la vie n'en formaient qu'une seule pour Lucrèce. Le matérialisme d'alors, avec la confiance juvénile des théories qui n'ont pas encore été aux prises avec une critique sérieuse, faisait naître tout d'une pièce les organismes les plus compliqués. Depuis, le matérialisme est devenu plus circonspect. Un organisme comme le corps humain, composé de tant de parties si minutieusement ajustées, dépasse visiblement le pouvoir du hasard ; on donne donc au hasard un associé, le temps. De progrès en progrès, d'acquisitions en acquisitions, les molécules se sont groupées en organismes de plus en plus riches, de mieux en mieux constitués. On dissimule ainsi la difficulté, on ne la supprime pas. Le temps n'est une puissance qu'en poésie, et par métaphore ; on lui attribue les effets de toutes les causes qui agissent lentement ; mais il ne fait rien, peut-être même n'est-il rien par lui-même. C'est une réputation surfaite. Les groupements d'atomes et de molécules qui produisent les différentes espèces animales ou végétales ne s'expliquent pas mieux *avec* que *sans* le concours du temps. Une puissance autrement réelle préside à ce travail, qui, pour avoir duré des milliers de siècles, ne laisserait pas d'être merveilleux. « Le temps ne fait rien à l'affaire. » L'évolution, pas plus que la génération spontanée, n'est nécessairement l'adversaire du spiritualisme et l'alliée du matérialisme. Le spiritualisme peut même souhaiter la bienvenue à cette science nouvelle dont on a voulu lui faire peur. L'évolution, en effet, suppose un développement successif et non une explosion sou-

daine des forces créatrices. Voit-on que cette marche
lente exclue l'action divine, et que le procédé contraire la suppose ? Lucrèce admet une explosion
soudaine de la vie, et Lucrèce ne croit pas en Dieu !
Si les forces primitivement déposées dans la matière
se révèlent une à une avec ordre et méthode, de manière à élever constamment le niveau de l'existence,
l'évolution fournit quelques arguments de plus à la
doctrine qui met l'intelligence à l'origine de tout.
Rien ne prouve plus de réflexion et d'habileté qu'une
répétition continue d'efforts et de succès. Voyez, en
effet, quel avantage Lucrèce tire de l'ignorance où
l'on est de son temps sur la marche de la nature : ce
qui est, dit-il, a toujours été, et il n'y a pas eu de degrés dans la création ; il trouve là un argument contre
la Providence (1). Il eût été sans doute moins confiant
dans sa doctrine, et son bon sens l'aurait éloigné du
matérialisme, s'il avait pu suivre, comme nos savants
modernes, la marche ascendante de la nature. Matérialiste avant la science, il est permis de demander s'il
l'eût été en présence de la science.

XI

Les fonctions vitales.

La durée de la vie constitue un problème distinct.
Il faut, pour conserver un être vivant, autant de conditions et d'autres conditions que pour le créer. L'harmonie qui existe entre un organisme et le milieu où
il se développe suppose une multitude de rapports et

(1) Liv. II, 295, 300.

d'adaptations particulières. Entre les organes mêmes,
ces relations se multiplient à l'infini. Les harmonies
de la nature sont un des textes favoris de la littérature
spiritualiste; elle y cherche, trop souvent peut-être,
l'occasion de s'attendrir sur la bonté de la Providence;
la philosophie, avec plus de gravité, y découvre les
preuves innombrables d'une pensée qui a prévu et
d'une puissance qui a exécuté.

Comment Lucrèce explique-t-il ces harmonies sans
Dieu, sans Providence, et par un pur mécanisme? Il
recourt à un argument qui lui a déjà servi. L'ordre
l'embarrasse : il le nie. Au fond, les matérialistes
n'ont pas d'autre ressource. L'argument présenté
par Lucrèce est encore le meilleur qu'on ait
imaginé dans leur école. Le poëte en appelle de ce
que nous voyons à ce que nous ne voyons pas. Les
atomes, dans leurs rencontres innombrables, ont
créé des multitudes de vies; quelques-unes ont pu
durer et se propager, parce qu'elles se sont trouvées
dans des courants d'atomes propres à les entretenir.
Nous admirons la Providence en considérant ces êtres
qui ont des membres pour se mouvoir, des poumons
pour respirer, etc. Ce sont là les harmonies de la nature, les preuves évidentes de la sagesse et de la bonté
qui veille sur nous ! Mais tournons nos regards d'un
autre côté. Représentons-nous l'énorme quantité de
créatures qui n'ont pas pu vivre et qui sont nées uniquement pour souffrir et mourir ! Les espèces animales et végétales qui ont réussi à prolonger leur
existence sont une exception, une fraction infinitésimale de tout ce qui est né perclus sans organe ou mal
organisé; l'harmonie qui nous ravit a coûté une

somme de souffrances incalculable. L'ordre qui seul
réussit à vivre et à durer, nous fait imaginer une Providence. Le désordre, qui détruit plus qu'il ne crée,
laisse peu de témoins de son existence, et proteste
faiblement contre nos illusions. Mais si nous y regar-
dons de près, cet ordre même que nous célébrons,
troublé par la maladie, les chagrins, la guerre et la
mort, devient contestable. La vie donc, avant d'être
une jouissance, a été pendant longtemps une horrible
souffrance ; avant de produire la beauté, elle s'est éga-
rée dans des formes hideuses (1) ; maintenant encore
elle réalise à grand'peine un équilibre instable entre
le bien et le mal. Qui ne voit que l'ordre se réduit à
peu de chose, comparé à cette énorme quantité de désordre qui effraie notre imagination? La science alors
laissait à la fantaisie du poète toute sa liberté, elle lui
permettait de considérer la vie actuelle comme le reste
d'une création qui avait misérablement avorté, ou
comme le débris d'une immense catastrophe. La
science est aujourd'hui moins complaisante, elle connaît les annales de la vie et n'y trouve aucun exemple
de ces organisations informes et monstrueuses que
rêve l'imagination de Lucrèce. Toutes les espèces, y
compris les espèces disparues, ont été propres à vivre
agréablement dans le milieu où elles étaient placées.
La vie ne fut jamais un supplice. Le passé, sur ce
point, témoigne dans les mêmes termes que le pré-
sent. La géologie anéantit les prémisses imaginaires
du raisonnement qui permettait à Lucrèce de conclure facilement contre la Providence. Ce qu'on ne

---

(1) Liv. V, 200.

voit plus ne saurait être opposé à ce qu'on voit encore.
Matérialistes ou spiritualistes, nous devons nous ren-
fermer dans les limites de la nature connue. Si le matérialisme s'y trouve à l'étroit dans ce champ clos, c'est
déjà une présomption contre lui. — Voyons donc,
dans la nature actuelle, ce qu'on peut attribuer à l'ordre et au désordre, et cherchons à déterminer la part
de l'un et de l'autre.

Commençons par la génération. Ici, Lucrèce laisse
nécessairement la parole aux matérialistes modernes
qui ont approfondi davantage cette question. Or, dans
la génération, à côté de tant de faits qu'on invoque
sans cesse en faveur de la Providence, il y en a un
qui semble la condamner sans appel. C'est la multitude des germes inutilement dépensés dans chaque
conception. Un seul germe suffit pour féconder un
œuf, et il s'en répand des milliers! Donnez à un aveugle des milliers de cartouches et dites-lui de tirer
à l'aventure; il touchera le but infailliblement;
ainsi, la nature arrive à ses fins, comme un
aveugle qui s'agite au hasard. Telle est l'objection.
Mais on peut faire observer que le succès de l'aveugle
exige bien des préparatifs : il faut placer le but à sa
portée, il faut lui fabriquer ses cartouches, et mettre
l'arme convenable dans ses mains; il faut lui ensei-
gner ou lui suggérer quelques mouvements nécessaires. Or, l'animal, dans l'acte de génération, est
précisément cet aveugle; il ne remplit les vues de la
Providence qu'en vertu des mesures prises pour multiplier les chances de succès.

La génération reste donc, malgré les objections
modernes, une des plus solides preuves de la Provi-

dence. Là se rencontre une particularité qui a les
conséquences les plus étendues, et dont aucune loi
mécanique ne rendra facilement raison : les organes
de la même fonction sont partagés entre deux organismes. Lucrèce explique la génération par une sorte
de maladie, qui cause autant de ravages dans l'esprit
que dans le corps de l'homme. Il a fait de l'amour une
peinture navrante, et véritable à certains égards, si
l'on songe aux modèles qu'il avait sous les yeux et
qu'il trouvait, dit-on, jusque dans son cœur. Personne
mieux que lui n'a révélé ce qu'il y a d'humiliant et de
triste dans cette passion, quand elle est déréglée. Là
encore il ne voit et il ne montre que le désordre, trop
habile à cacher ces merveilles d'harmonie qui se manifestent au simple bon sens et à la science la plus
profonde. Mais dans ces pages brûlantes qui contien-
nent la peinture et la condamnation des amours mon-
daines, on cherche vainement l'amour raisonnable et
naturel qui fonde la famille, élément indestructible de
la société, et manifeste son influence bienfaisante
jusque dans le règne animal.

Les autres parties de l'organisme offrent d'autres
harmonies visibles à tous les yeux. Il faudrait de l'audace pour les nier. Lucrèce a cette audace. Ne lui
disons pas que nos organes ont été adaptés à nos besoins. Il retourne la proposition : nous employons à
notre usage certaines choses qui se sont trouvées dans
notre corps; c'est nous qui en avons fait des organes
en les utilisant; c'est à notre volonté que revient
cette prétendue harmonie dont nous remercions la
Providence. Cette argumentation qui nous trouble par
sa hardiesse paradoxale ne manque pas de portée;

beaucoup de considérations secondaires viennent la
fortifier. L'imperfection des organes ne rend-elle pas
illusoire cette prétendue harmonie que nous trouvons entre eux et les fonctions? Nos pieds suffisent-
ils à tous les mouvements? nos yeux à toutes les perceptions visuelles? Notre volonté accommode évidemment certains organes à son usage; nous la prenons
sur le fait dans plusieurs cas, et notamment quand
elle emploie la langue à parler. L'acquisition du langage, évidemment volontaire et artificielle, n'est pas
plus volontaire ni plus artificielle que les autres adaptations. L'homme a tiré parti de son corps comme il a
pu, non sans peine, imposant parfois aux mêmes parties
les fonctions les plus diverses, comme un bon ouvrier
qui a de mauvais outils. La volonté a donc tout fait,
d'abord en utilisant ce qu'elle trouvait, puis en appre-
nant à se passer de ce qu'elle ne trouvait pas dans le
corps. Il en est résulté entre notre organisation et nos
besoins une certaine harmonie, qui est le fruit de
notre intelligence, et plus encore, de notre résignation :
notre volonté s'est conformée à notre organisme; il n'y
a là ni mystère à expliquer, ni Dieu à chercher.

La science moderne est loin de nier l'action de la
volonté sur les organes; mais cette action s'exerce
tout autrement que ne le pense Lucrèce. Ce n'est pas
l'organe qui s'asservit la volonté; c'est au contraire la
volonté qui modifie l'organe à sa convenance. Beaucoup de faits justifient cette doctrine : les parties du
corps que la volonté n'exerce pas sont condamnées à
un dépérissement rapide, soit dans l'individu, soit
dans l'espèce; les parties qu'elle exerce acquièrent au
contraire un développement considérable. Une hypo-

thèse hardie, soutenue principalement par Lamarck
attribue tous les progrès de l'organisation animale à
l'action de la volonté ; dût cette hypothèse se vérifier
un jour par les faits, comme elle donne à la volonté,
c'est-à-dire à la pensée l'empire et la priorité sur
l'organisme, elle ne conduirait pas au matérialisme,
elle élargirait seulement les horizons du spiritualisme.
Aucun fait n'est donc venu corroborer la théorie de
Lucrèce. Si la volonté se familiarise peu à peu avec
l'organisme, elle le trouve tout préparé, elle en pro-
fite, elle ne le fait pas. Tout démontre que l'adapta-
tion des organes aux fonctions a précédé l'exercice de
la volonté. Sans doute on pourrait souhaiter et surtout rêver pour l'homme une organisation plus parfaite. Mais ce qui nous manque peut, aussi bien que
ce que nous possédons, faire honneur à la sagesse
d'une Providence. Elle a pu nous refuser certaines
choses, comme elle nous en a donné d'autres, pour
notre bien. Si l'homme était né pourvu de tout ce
qu'il lui fallait pour vivre, il n'aurait jamais rien inventé. L'insuffisance de notre organisme, la nécessité
et la possibilité de le compléter sont encore des traits
qui nous distinguent des animaux et qui nous font dès
ce monde une destinée particulière.

XII

L'instinct et la guerre.

M. Caro observe avec raison que les arguments du
matérialisme se sont peu renouvelés depuis l'antiquité. Il y a cependant deux faits très favorables au

matérialisme, que l'on trouve à peine indiqués dans Lucrèce : ce sont l'instinct et la guerre.

Lucrèce a connu l'instinct : « Chacun, dit-il, se sent doué d'une force particulière dont il peut user. » L'instinct, c'est la vie, qui n'est pas encore arrivée à l'intelligence, et qui déjà déploie une activité féconde ; on la voit à l'œuvre dans l'abeille et la fourmi ; on se croit autorisé à lui attribuer toutes les fonctions inconscientes de l'organisme et tout le travail que les physiologistes observent dans la période embryonnaire. Il ne reste plus qu'à faire de la vie une puissance de la matière ; cette puissance se développe dans certaines circonstances favorables, et toute l'organisation se trouve expliquée sans l'intervention d'aucune Providence.

Admettons que la matière ait par elle-même réussi à vivre, c'est-à-dire à se procurer le seul mode d'existence qui ait quelque prix. Rien dans ses autres attributs, qui relèvent de l'étendue, ne faisait prévoir cette faculté spéciale. Peu s'en est fallu qu'avec toutes ses propriétés physiques, la nature ne fût l'équivalent de rien. Mais l'heureux hasard qui l'a toujours si bien servie, n'a pas oublié la vie parmi les dons qu'il lui a faits.

Accordons encore, quoique cette concession nous coûte davantage, que la vie puisse être considérée comme une force aveugle et indépendante, lorsqu'elle se borne à multiplier les cellules.

Mais quand elle distribue et groupe les cellules de manière à former ou entretenir des organes, elle adapte évidemment des moyens à une fin. Par qui cette force aveugle est-elle dirigée dans ce travail ? On

essaie de la faire diriger ou plutôt contraindre par les forces physiques qu'elle rencontre dans le milieu où elle se développe. Ces forces agiraient mécaniquement sur la vie et lui imposeraient certaines conditions qui déterminent la figure du corps et la forme des organes. Mais cette action des milieux sur la vie ne saurait suffire à expliquer la variété de formes qui se manifeste dans le règne végétal et le règne animal. Comment la vie, sous l'action de trois milieux, l'eau, la terre et l'atmosphère, prend-elle des milliers de figures? où sont les milliers de moules que lui présentent ces trois coopérateurs également aveugles? Il est bien difficile d'accorder au matérialisme ce qu'il demande à la complaisance de notre raison.

A défaut d'un principe extérieur qui eût été plus commode, on cherche un principe intérieur d'organisation. On a recours aux forces primordiales de la vie. On enseigne que la variété des espèces répond à la variété des germes éternels. Les forces qui se développent de concert dans chaque plante et dans chaque animal ont été ainsi associées de toute éternité. Comme *éternel* est synonyme de *fortuit* dans un système qui refuse l'intelligence à l'éternel, il faut admirer ce hasard qui a si bien imité l'art et la science : mais il était plus facile de croire en Dieu.

Si la vie travaille à la construction de l'organisme, ce qui est probable, et à son entretien, ce qui est prouvé, on n'est pas obligé d'admettre qu'elle travaille sans guide. Le bon sens nous dit que tout acte raisonnable a été raisonné; mais il ne nous dit pas que l'auteur de l'acte soit toujours l'auteur du raisonnement. Chaque unité vitale peut trouver du plaisir à se développer d'une certaine façon, et s'associer ainsi, par la sensibilité, aux desseins du Créateur : « *Sentit enim vim quisque suam, quam possit abuti;* » mais ce sentiment, qui n'est pas raisonné, est d'accord avec un raisonnement qui a été fait : l'ignorance, que dis-je, l'inconscience de l'ouvrier n'en démontre que mieux la sagesse de l'architecte, quand de leur coopération résulte une œuvre admirablement combinée.

On ne peut que rendre hommage à la sagacité des savants modernes qui ont étudié la génération, l'instinct et l'hérédité. Mais le spiritualisme n'a pas à s'alarmer de leurs découvertes. Une cellule vivante détachée de l'organisme où elle est née, se trouve imprégnée de toutes les forces physiques, intellectuelles et morales dont cet organisme est le résultat; elle tend, non-seulement à se reproduire, comme toutes les cellules, mais encore à reproduire intégralement l'animal ou la plante d'où elle est issue. Libre aux matérialistes de ne voir là qu'un mécanisme. Il est plus naturel d'y voir le chef-d'œuvre d'une puissance qui sait le secret de réduire la vie au minimum sans l'anéantir. Si, dans le germe, toutes les forces physiques, intellectuelles et morales paraissent si rapprochées qu'elles se confondent, c'est tout au plus une preuve que la matière et la pensée ont une origine commune : ce n'est pas la preuve que la matière produit la pensée.

Quant à la guerre, elle a reçu de notre temps son vrai nom, qui est la *lutte pour l'existence*, nom tristement significatif, qui fait sentir la nécessité de lutter pour vivre, et d'être fort ou de périr. Elle résulte d'une disproportion énorme entre les moyens d'existence et le nombre des êtres qui naissent et demandent à vivre. Le règne végétal tout entier est en proie aux animaux ; on peut admettre que la douleur soit inconnue aux plantes, et qu'elles n'ont pas d'autre rôle que d'élaborer la nourriture des bêtes. Mais la destruction nécessaire ne s'arrête pas au végétal ; les herbivores et les frugivores servent de pâture aux carnassiers ; les carnassiers eux-mêmes se font la guerre pour se dévorer ou pour se disputer la proie. L'homme, enfin, plus malheureux, fait la guerre à toute la création et à son semblable. Comme si la mort n'était pas assez dure par elle-même, la plupart des animaux périssent dans les tortures. Dieu, en créant tant d'êtres affamés, a-t-il donc oublié qu'il leur fallait des aliments ? Non, il a fait pis encore : il les a destinés, les uns à tuer, les autres à être tués ! Un créateur intelligent et bon a mis la nourriture du lion dans la chair du daim ! Singulière Providence, qui donne des griffes au lion pour déchirer le daim, et des pieds rapides au daim pour échapper au lion ! Singulier père, qui réunit ses enfants autour d'une table vide et les invite à se manger entre eux ! En présence de ces faits inquiétants, le spiritualiste demande à se recueillir, et prononce volontiers le mot de mystère. Le matérialiste n'éprouve aucun embarras et offre sur-le-champ une explication toute simple : la guerre est partout, parce que la création est mauvaise. — C'est l'œuvre d'une puissance aveugle qui n'a rien prévu. Le désordre qu'on peut dissimuler ailleurs par des arguties sophistiques et des considérations morales, se manifeste ici par des faits éclatants qui ne se laissent pas interpréter et ne s'adaptent à aucun système de philosophie

sentimentale. Direz-vous que la guerre est utile au
genre humain pour entretenir les plus mâles vertus ?
Je vous demande à quoi elle sert aux animaux, et
comme La Fontaine, vous chercherez en vain le mot de
l'énigme : « les animaux périr, » les animaux souffrir !
Il y a là une énorme quantité de douleurs; ce que
l'homme y ajoute est peu de chose, et les maux de
notre espèce se perdent, comme une quantité négli-
geable, dans la somme immense des maux universels.
En vérité, les bêtes sont bien embarrassantes dans le
spiritualisme. Je conçois que vos plus illustres maîtres
aient essayé de les supprimer. Platon en fait des
hommes déchus : le règne animal est la suite de
l'humanité. De la femme, qui commence cette série
descendante, à l'infusoire qui la termine, nous ne voyons
que pécheurs en pénitence. Descartes, au contraire,
rattache le monde animal aux végétaux, aux minéraux
peut-être : il ne voit là que des machines, douées de
toutes les apparences de la sensibilité et de la vie
par un Vaucanson tout-puissant, qui s'amuse à nous
mystifier.

Vous n'avez jamais rien dit de mieux que Descartes
et Platon. Vous souriez aujourd'hui avec nous de ces
naïvetés et de ces subtilités, vous revenez de Descartes
et de Platon au sens commun. Mais vous laissez à
votre Dieu le poids de ces injustices et de ces cruautés
dont Platon et Descartes prenaient souci de le déchar-
ger. Platon et Descartes avaient trouvé le seul moyen
raisonnable de croire à la Providence. La vie appartient au plus fort ; les espèces qui l'ont conservée doivent cet avantage aux qualités dont le hasard les a
doués, celles-ci à leur bravoure, celles-là à leur

vitesse, d'autres à leur fécondité. — Un vice horrible,
la cruauté, est une condition de salut pour certaines
espèces, et dans le nombre, pour l'espèce humaine,
qui se pare ambitieusement de sa clémence et de sa
douceur.

Ces arguments ne sont qu'en germe dans Lucrèce
et dans Epicure. Il faut convenir que le triomphe de
la force, à tous les degrés de la vie, est bien fait pour
troubler le spiritualiste. La guerre est un fléau évident, dont la responsabilité remonte à la cause première, car la volonté des créatures n'y est pour rien.
Le lion n'est pas plus coupable de déchirer le cerf
que le cerf d'échapper au lion : l'homme même a plus
souvent le mérite de modérer ses instincts sangui-
naires que le tort de s'y livrer. Nous n'avons réussi à
vivre en société qu'en nous imposant une règle artificielle, la morale, dont la nature ne nous avait donné
ni l'idée, ni l'exemple.

Le spiritualiste peut être troublé par ces objections,
où il retrouve ses propres arguments tirés de l'ordre
et du désordre, mais retournés contre lui. Cependant,
en est-il réduit à baisser les yeux et à se voiler la face?
La guerre est-elle un si grand désordre? Si d'abord
on la juge par son influence sur l'humanité, on doit
reconnaître qu'aucun fléau ne met à pareille épreuve
le courage et l'intelligence des hommes; par la guerre,
les peuples se donnent les uns aux autres des leçons
salutaires; ils s'instruisent de vérités que la vanité
nationale leur cacherait éternellement; ils apprennent
qu'ils se sont laissé devancer ou qu'ils ont dégénéré,
et que pour vivre libres ils ont besoin de qualités qu'ils
n'ont plus ou n'ont pas encore. Il est bon qu'il y ait

toujours de peuple à peuple un certain nombre de
questions indécises et de droits contestables, qui les
exposent à se brouiller, puis à se mesurer sur les
champs de bataille. La force s'acquiert par des vertus
et se perd par des vices ; elle constitue un mérite,
dont la récompense légitime est la domination. C'est
un mauvais signe pour une nation d'être plus capable
de sacrifices pour la paix que pour la guerre. L'injus-
tice n'est jamais une gloire ; mais entre peuples, elle
déshonore encore plus ceux qui la subissent que ceux
qui la commettent.

La guerre, d'ailleurs, a dans l'humanité un caractère particulier, et là encore nous retrouvons une distinction profonde entre l'homme et la bête. Les animaux se disputent le nécessaire dont la nature leur a
fixé la mesure. Au contraire, les hommes, dont les
désirs sont illimités, se disputent des biens plus utiles
pour embellir la vie que nécessaires pour l'entretenir.
Les vainqueurs attirent dans leurs mains le superflu
des vaincus, et fondent aux dépens de ceux-ci des
sociétés riches et savantes. La guerre entre les hommes est une lutte pour le bien-être et non pour l'existence. Il restera toujours sur la terre, malgré les pré-
dictions de Malthus, assez d'espace pour tous les
hommes ; mais il y aura des places glorieuses, où des
peuples vaillants jouiront de tous les biens, et des
places honteuses, où les races déchues vivront médio-
crement du nécessaire. La prétendue sagesse qui se
contente de peu est le commencement de la déca-
dence au moins pour les peuples, et peut-être pour
les individus : c'est la sagesse vantée par Lucrèce ;
elle ne fait ni les grands hommes, ni les grandes

nations. Après la satisfaction de tous nos besoins, il reste une certaine somme de biens disponible, qui sont le prix de la vaillance. Il ne faut plaindre qu'à demi, fussent-ils les plus innocents et les plus aimables de la terre, les peuples faibles qui se laissent exclure de ce glorieux partage. La guerre a donc pour effet, dans l'espèce humaine, non de réduire le nombre des individus, mais de classer les races. Ses effets sont moraux, nous dirions volontiers bienfaisants, quand nous songeons aux progrès dont elle est la condition, et aux maux dont elle fournit le diagnostic et le remède.

Mais chez les animaux la guerre est purement destructive. Les individus faibles sont certains d'une mort violente. Tous ces êtres animés dont la multitude peuple la terre, l'air et les eaux, disparaissent, ou peu s'en faut, sans laisser de cadavres, évidemment parce qu'ils sont dévorés vivants. Les animaux que l'homme protège sont les plus malheureux : après avoir bien travaillé, comme le bœuf, et quelques-uns, comme le chien et le cheval, avec toutes les apparences de la conscience et du dévouement, ils sont mis à mort avec la plus noire ingratitude. Où reconnaître les traces de la Providence? L'objection est sérieuse. On ne répondra pas que la guerre entre animaux est la condition d'un progrès physiologique, parce qu'elle condamne les individus inférieurs à la stérilité et à la mort. Cette loi de la sélection naturelle est un argument matérialiste. L'amélioration des espèces par la guerre serait à peine une circonstance atténuante pour l'auteur de tant de maux, si tant de maux avaient été voulus et ordonnés. Il faut répondre pourtant. La destinée des animaux est un problème qui s'impose au philosophe. Platon et Descartes en proposaient une solution qu'on a bien fait d'écarter, mais qu'on se hâte trop peu de remplacer. Ce problème est-il aussi insoluble qu'on le pense ordinairement? L'animal ne connait guère d'autre douleur que la mort; et la mort, quand on a le don de n'y pas songer d'avance, est-elle donc une si grande douleur? La vie est pour l'animal, tant qu'il la possède, une jouissance peu mélangée de peines; la gaîté est ordinaire chez ces êtres inférieurs, au point que l'homme se surprend à leur porter envie, et cherche parmi eux des images de joie et de bonheur. — Un moment d'angoisses, même cruelles, n'est-il pas largement compensé par une vie douce et agréable? Si la mort des bêtes témoigne contre la Providence, sa bonté éclate dans les soins dont elle entoure leur vie : leur devait-elle davantage?

Quant aux animaux domestiques, l'homme leur demande des services, et ne s'impose en retour aucun devoir; mais ne doivent-ils pas à la protection de l'homme la sécurité et le bien-être qui leur manqueraient totalement dans la liberté? Il eût été vraiment étrange que l'homme ne pût pas profiter de sa supériorité sur les animaux, comme les animaux usent de leurs avantages les uns aux dépens des autres, et, dans l'occasion, aux dépens de l'homme! L'état de nature qui embrasse le règne animal tout entier n'est qu'à demi tempéré par la justice dans les relations des hommes entre eux : il est bon qu'il en soit ainsi. Ce que nous voyons de justice en ce monde suffit pour nous en donner le goût, mais non pour nous en ras-

sasier : nous mourons altérés de justice. Cette soif que
nous emportons de ce monde ne sera-t-elle pas assou-
vie dans un autre? N'est-ce pas un signe favorable?
Ne verrons-nous pas luire ailleurs le jour dont nous
n'avons ici-bas que l'aurore ? Cette justice incomplète
qui apparaît au sommet de la vie terrestre semble
plutôt le commencement d'un ordre nouveau que le
couronnement de l'ordre actuel. Si la paix et l'innocence régnaient sous nos yeux, rien ne nous averti-
rait d'une autre destinée.

Toutefois, il ne faut pas se faire illusion : l'état de
nature restera, quoi qu'on fasse, une difficulté épi-
neuse pour le spiritualiste. On n'aura jamais que des
arguments approximatifs pour le concilier avec la
bonté supposée de la Providence. Il faudra emprunter
aux matérialistes un de leurs artifices habituels, c'est-
à-dire en appeler de ce qu'on voit, le mal, à ce qu'on
ne voit pas, la compensation. Ce monde, dira-t-on
d'après Leibnitz, n'est qu'une partie du royaume de
Dieu. Si l'intelligence du Créateur éclate dans les
moindres détails, sa bonté ne se manifeste que dans
l'ensemble. Notre vue, bornée à ce petit canton de
l'univers, n'aperçoit la bonté qu'à demi. Contentons-
nous d'admirer l'intelligence, et remettons à un autre
temps la contemplation de la bonté. Les lois générales qui nous condamnent à la souffrance sont une
condition nécessaire de notre progrès moral ; la bonté
de Dieu se voile pour laisser plus de liberté et d'initiative à notre activité. Sachons donc lire, sans dé-
faillance, sinon sans inquiétude, les pages terribles
qu'Herbert Spencer, entre autres, a écrites sur l'hypothèse de la création volontaire (*Biolog.*, partie III,

chap. 1, 2). Il s'agit de savoir si le spiritualisme reste
plus loin de l'évidence sur ce point particulier que le
matérialisme sur tous les autres. On peut comprendre
à la rigueur qu'une volonté juste et bonne ait fait une
loi de la guerre ; il est bien plus difficile de croire
qu'un mécanisme aveugle ait tiré le monde du chaos
et organisé la vie.

<h1 style="text-align:center">XIII</h1>

L'Humanité.

Lucrèce, et c'est là un de ses plus beaux titres
comme philosophe et comme poète, a bien jugé
l'homme, et lui a marqué sa place dans le monde. Ce
n'est pas lui, nous le savons, qui ferait de l'homme un
animal perfectionné, puisqu'il le fait naître de la terre
pourvu de tous ses organes ; il songe encore moins à
faire de l'homme un animal dégénéré, car il reconnaît
sa grandeur et la célèbre dignement. A quelque philosophie qu'on appartienne, on admire les vers que
notre poète consacre au développement de la civilisation ; on trouve là cette chaleur et ce mouvement qui
annoncent la présence ou du moins le voisinage de la
vérité.

Lucrèce fait naître l'homme intelligent et fort, doué
de tout ce qu'il lui faut pour s'instruire et pour se défendre. L'homme se montre le roi de ce monde,
dès qu'il brise une branche d'arbre pour s'en faire une
massue, ou souffle dans un roseau pour en tirer des
sons harmonieux.

Les matérialistes modernes nous disent que l'idiotisme et le crétinisme sont des phénomènes d'atavisme, c'est-à-dire des retours au type originel de notre espèce. Ce n'est pas en dégénérant que l'homme actuel redeviendrait l'homme primitif de Lucrèce. Les mieux doués d'entre nous seraient à peine capables de lutter d'intelligence et de vigueur avec ces rudes enfants de la terre. Dans ces conditions, la conservation et le progrès de la race s'expliquent aisément : nous voyons peu à peu l'homme s'instruire et créer les arts qui ajoutent l'utile et l'agréable au nécessaire. Lucrèce se plaît à nous marquer chacun des pas de la civilisation. L'industrie et le courage qui ont commencé par polir la pierre et repousser l'hyène ou le loup, arrivent par degrés à construire des vaisseaux et à livrer des batailles rangées. Lucrèce avait de l'homme une idée d'autant plus avantageuse, qu'il ne faisait pas remonter très haut le passé de l'humanité ; les plus vieilles traditions de l'histoire lui paraissaient marquer, à quelques générations près, la date de la création. En rendant hommage à la grandeur de l'homme, Lucrèce sans doute n'abandonne pas le camp des matérialistes, mais il laisse une brèche ouverte à ses adversaires, qui mettent au nombre de leurs meilleurs arguments cette supériorité de l'homme sur les animaux, l'énorme distance qui le sépare des espèces les plus voisines, la destinée singulière qui lui permet d'accroître sans cesse son bien-être, et lui interdit toujours de se trouver heureux ici-bas.

La science moderne a-t-elle changé les situations respectives du matérialisme et du spiritualisme dans ce grave débat? Les matérialistes font beaucoup de bruit d'une loi entrevue plutôt que démontrée par l'école des Lamarck et des Darwin : c'est la loi de l'évolution. Il n'y a pas d'hypothèse qui réunisse en sa faveur plus d'apparences et moins de preuves incontestables. Les grands génies qui l'ont conçue lui ont donné une autorité que l'observation et l'expérience n'ont pas encore consacrée. Cependant, admettons que l'homme soit sorti d'une espèce inférieure, du singe, par exemple. C'est une concession toute volontaire ; aucun fait ne démontre invinciblement cette filiation ; quelques-uns la contredisent ; car de nos jours le règne animal ne se modifie visiblement que dans le voisinage de l'homme et sous son influence. Ces modifications se réduisent à des oscillations qui, après s'être écartées du type originel, finissent généralement par y revenir. Il faudra des siècles d'observation et d'expérience pour résoudre la question qui n'est encore que très bien posée. Mais l'évolution a d'ailleurs un tel caractère de simplicité et de grandeur qu'on peut, au moins par amour du beau et du nouveau, la supposer et même la souhaiter véritable. Si jamais elle est complètement démontrée, les Lamarck et les Darwin auront la gloire d'avoir découvert le secret le plus beau et le plus caché de la création. Qu'en résultera-t-il pour l'homme ? Cessera-t-il d'avoir une place à part dans la nature ? Tout au contraire : l'évolution qui arrive à lui s'arrête à lui ; il devient le terme du mouvement qui élève peu à peu le niveau de la vie ; il devient le but de la création ; il en reste le roi.

N'est-il pas remarquable, en effet, que la vie, une fois arrivée à l'humanité, s'arrête comme à son but ? Elle évite de créer une espèce supérieure. Il y a des

ignorants et des savants, des forts et des faibles, des
nègres et des blancs; mais les différences qui séparent les races les plus arriérées des plus civilisées ne
consistent pas dans des facultés nouvelles; elles résultent du développement inégal des facultés communes
et de ce que Aristote appelle « les acquisitions ou
habitudes, *hexeis*. » Il y a là un phénomène des plus
favorables à la Providence. Si le singe s'est transformé en homme, du moins l'homme reste ce qu'il
était; il ne se transforme pas à son tour, de manière
à produire une espèce qui puisse dominer l'homme
ainsi que l'homme domine le singe et les autres animaux. La nature, après avoir atteint la raison et la
volonté, s'interdit d'aller plus loin, comme par respect
pour les attributs divins dont elle a revêtu sa dernière
créature. Après l'homme, pas plus qu'avant l'homme,
il n'y a de limite nécessaire au progrès de la vie;
l'arrêt dont nous profitons est purement arbitraire;
une espèce nouvelle qui, aux facultés de l'homme,
joindrait un sens de plus, le sens de l'électricité, par
exemple, ou un organe de plus, comme les ailes de
l'oiseau, serait bientôt maîtresse absolue de ce monde.
Pourquoi cette espèce ne s'est-elle pas formée?
pourquoi ne se forme-t-elle pas sous nos yeux? On ne
saurait expliquer cet arrêt par aucune de ces causes physiques qui se rattachent tant bien que mal au hasard.

On peut l'expliquer aisément par une de ces causes
morales que l'intelligence seule est en état d'apercevoir
et de prendre en considération: la création d'une race
supérieure à l'homme eût amené le plus grand désordre imaginable, c'est-à-dire l'asservissement fatal
et non mérité de l'intelligence à l'intelligence.

Aucun organe, aucune faculté nouvelle ne se manifeste dans l'espèce humaine. Cependant cette espèce a, depuis son origine, parcouru un chemin considérable, et même beaucoup plus long que ne le suppose Lucrèce. Les acquisitions successives de l'esprit ont mis peut-être plus de distance entre l'homme civilisé et l'homme primitif qu'il y en a du sauvage le plus déshérité à l'animal le mieux doué. Les caractères de l'espèce sont néanmoins restés les mêmes, comme si une volonté protectrice empêchait la formation d'une espèce supérieure, tout en ouvrant une vaste carrière à cet être privilégié, qui s'instruira, au lieu de se transformer, qui se fabriquera des outils et des machines, au lieu d'ajouter quelque appendice à ses organes, et qui, sans changer lui-même, changera tout autour de lui. L'évolution arrivée à l'homme semble s'engager dans une voie nouvelle, afin de concilier le progrès avec la conservation de l'espèce ; le spiritualiste peut donc sans alarme assister et même s'intéresser au succès de cette grande doctrine qu'on appelle l'évolution. Fût-il sorti du singe, l'homme n'en est pas moins le roi de la création. La Bible nous dit que le limon s'anima par le souffle de Dieu ; la science moderne nous montre une substance qui, imprégnée de l'esprit divin, traverse toutes les formes inférieures de la vie, pour arriver à l'homme et s'y arrêter. La science nous apprend comment agit le souffle de Dieu.

XIV

L'âme et le principe pensant.

Le mot âme pris dans son sens le plus restreint désigne l'ensemble des états internes ; par états internes on
entend les différents phénomènes de conscience, depuis
la sensibilité la plus obscure qui commence à poindre
dans la plante, jusqu'à la pensée qui brille dans l'homme
de génie. Certains spiritualistes prétendent connaître
la substance de l'âme ; c'est, d'après eux, une substance sans étendue, qui ne peut être ni perçue, ni
imaginée, mais que la raison conçoit. Les matérialistes ne sont pas moins affirmatifs dans le sens
opposé ; la substance de l'âme se rassemble et se
dissout, s'entretient et s'altère, elle a des dimensions,
du poids, de la couleur ; c'est le corps en général, et,
dans le corps, c'est plus particulièrement le système
nerveux. Suivant les spiritualistes, la substance qui
pense est indépendante de la matière et n'y est réunie
que par accident ; suivant les matérialistes, c'est la
pensée au contraire qui est une modification acciden-
telle de la matière : ce qui pense aujourd'hui n'était
hier et ne sera demain qu'une substance douée de
propriétés physiques. Matérialistes et spiritualistes
dépassent également la portée de l'expérience. Si la
substance de l'âme nous était connue, la nature n'aurait plus de secret pour nous, et la métaphysique
serait supprimée : qu'est-ce, en effet, que la métaphysique, sinon un système particulier d'induction

qui consiste à remonter, non pas des faits aux lois,
mais des phénomènes aux substances? Tandis que
l'induction scientifique explore le champ de l'expérience, l'induction métaphysique le dépasse. La
substance, en effet, est inconnaissable ; la loi, au
contraire, est l'objet propre de la science humaine.
L'induction scientifique prépare les voies à l'expérience
qui la confirme ; l'induction métaphysique reste à l'état
de conjecture. Le métaphysicien n'a donc pas l'autorité du savant ; mais en est-il réduit à se taire? Loin
de là. Sa doctrine toute conjecturale ne laisse pas
d'avoir son prix : il y a, dans la conjecture même, des
degrés de vraisemblance et d'invraisemblance qui
permettent, entre une métaphysique et une autre, un
choix raisonnable, et qui préservent du scepticisme.
Voyons donc sur le point qui nous occupe quelle conjecture s'accorde le mieux avec les faits.

Les états externes de la substance, étendue, poids,
température, etc., ne nous sont connus que par l'intermédiaire de certains états internes qui tombent
seuls sous l'observation immédiate de notre conscience. Dans la perception, la réalité extérieure et la
conscience, l'objet et le sujet se touchent momentanément ; l'un, comme dit Aristote, fournit la matière,
l'autre la forme de l'opération intellectuelle qui les
réunit. Il y a là un moment d'existence commune où
l'objet manifeste une propriété qui le rapproche du
sujet. La pensée, active dans celui-ci, passive dans
celui-là, se prolonge de l'un à l'autre et sert de trait-
d'union. Ainsi, les êtres que la force créatrice a séparés conservent la liberté de se rejoindre, sans se
confondre, par la pensée. La pensée est le principe

d'unité, comme la matière est le principe de diversité dans la création.

La pensée réunit les données si multiples de la sensation, et les embrasse par une seule vue de l'esprit, qui s'appelle idée. Elle rassemble à leur tour les idées différentes dans une notion commune, celle du *moi*. Elle opère entre les idées une concentration qui n'est pas la confusion, au contraire : plus elle en montre à la fois, plus elle les montre clairement ; plus elle en embrasse, mieux elle les étreint. L'unité et la multiplicité non seulement ne s'excluent pas, mais encore s'entr'aident et se fécondent mutuellement dans la pensée, où elles produisent l'ordre, l'harmonie et la clarté. Nous sommes ici à l'intérieur de l'être, et nous avançons dans ses profondeurs, en passant de la sensation à l'idée, de l'idée au moi, par une concentration de plus en plus forte de la pensée. Nous voudrions pénétrer plus loin, mais le chemin est rompu; toutefois nous en avons parcouru une partie, nous sommes arrivés à la notion du moi par une série de concentrations. N'avons-nous pas le droit d'admettre que cette concentration se poursuit au-delà, et, qu'à la source même de l'être, une pensée plus intense concentre dans une unité plus parfaite et dans une conscience plus synthétique, la somme entière des idées, c'est-à-dire l'intuition de tout ce qui existe ? On arrive ainsi, non pas à savoir certainement, mais à croire raisonnablement que le premier être est à la fois un et multiple, un par la conscience, multiple par les idées et que la pensée est à l'origine identique à l'être, ou le principal attribut de l'être. Que faut-il de plus pour justifier le spiritualisme ?

Le matérialisme suit une marche tout opposée.
Au lieu d'une concentration dont la limite est l'unité
absolue, il nous montre une division de plus en plus
grande, dont le terme ne peut être que l'infiniment
petit, ou le néant. Il détourne ses regards de l'existence interne, et ne considère que la matière, c'est-à-
dire la surface de l'être, dont les parties se rapprochent ou se séparent, et par leurs compositions ou
décompositions amènent la naissance ou la mort des
individus vivants. Le matérialisme a un avantage :
c'est de ne pas être arrêté dans sa marche comme le
spiritualisme, et d'atteindre effectivement son principe
vrai ou supposé. Il montre un corps vivant, et dit :
« Voilà de la pensée ; » il divise ce corps, le pulvérise,
le distille, et dit : « Voilà de la matière ; pensée et matière ne font qu'un. » Mais cette analyse n'est jamais
vérifiée par la synthèse, de sorte que l'identité de la
pensée et de la matière est une induction métaphysique, une conjecture naturelle, apparemment. Mais
cette conjecture est-elle la plus vraisemblable qui
nous soit permise ? le matérialiste sait-il ce qu'il a
détruit ? Il n'a vu disparaître que les conditions nécessaires à la manifestation extérieure et peut-être à
l'existence individuelle de la pensée ; mais la pensée
ne figure dans aucune de ses opérations ; elle lui
échappe continuellement. Tout ce qu'il en peut affirmer, c'est qu'elle se retire d'un organisme décomposé ;
mais il ne peut la suivre dans sa retraite ou dans ses
métamorphoses, ni indiquer ce qu'elle est devenue,
en montrant au fond d'un creuset ce qui fut la pensée.
On retrouve la matière dans la pensée ; elle y figure
comme objet ; on ne retrouve pas la pensée dans la

matière ; on peut même douter qu'on y retrouve quelque chose. L'analyse de la matière poussée jusqu'au bout et continuée par l'imagination au-delà des limites de l'expérience, semble aboutir au néant. Les matérialistes n'observent l'être que du dehors, et n'ont aucun souci de ce qui se passe à l'intérieur : par conséquent, ils sont moins autorisés que personne à se prononcer sur la nature intime de la substance. Ils laissent échapper, dès le début de leurs expériences, la moitié des faits, et la moitié la plus importante pour juger de l'ensemble : comment se soumettre à leur jugement ?

La psychologie de Lucrèce, c'est-à-dire la manière dont il explique les phénomènes de conscience, est fort intéressante ; le matérialisme d'alors a encore une confiance ingénue dans sa force et une ignorance non moins ingénue de sa faiblesse. Rappelons-nous que, suivant notre philosophe, la pensée n'est pas en germe dans la matière, et qu'elle résulte de l'organisation : c'est une absurdité, ou peu s'en faut ; on comprend que l'organisation groupe des forces préexistantes, mais non qu'elle crée des forces nouvelles. Cependant il n'est guère possible au matérialiste de dire autre chose : si la pensée se résout en substance pensante, tout le système s'écroule.

Lucrèce pouvait encore goûter dans sa foi une sécurité relative ; il considérait les forces physiques comme des accidents ; il les classait parmi ces *eventa* qui apparaissent à l'improviste et disparaissent sans laisser de trace. Mais de nos jours, il n'aurait plus la même liberté : nous savons que rien ne se perd, et que rien ne se produit tout à coup dans le monde

matériel ; les forces physiques, les impondérables ont
leur réalité indestructible ; nous assistons à leurs for-
mations, à leurs transformations, et nous ne les per-
dons jamais de vue. La pensée apparait et disparait
complètement et soudainement ; elle ne remplace rien
et rien ne la remplace. Avons-nous le droit de la classer parmi ces forces physiques qui se transforment les
unes dans les autres ? Moins assurément qu'au temps
de Lucrèce ; et le progrès de la science, ici comme
ailleurs, n'a pas été favorable au matérialisme.

Mais c'est dans l'organisme que la pensée se manifeste ici-bas ; c'est donc aussi dans l'organisme qu'il
faut l'observer. Le matérialisme moderne nous montre
la pensée condensée dans le cerveau, de plus en plus
diffuse dans la moëlle épinière et dans le grand sympathique, enfin s'éteignant dans les os et dans les régions inaccessibles à la conscience. La pensée s'iden-
tifie avec ses différents organes ; elle croît, elle meurt
avec eux ; elle subit, avec eux, des accidents qui la
troublent ou l'interrompent, comme le sommeil qui
est une névrose, l'ivresse, l'évanouissement, les hal-
lucinations, la folie, qui sont autant d'altérations orga-
niques. L'identité de la pensée et de l'organisme se
démontre clairement par cette solidarité constante.
C'est tantôt le phénomène interne, tantôt le phénomène externe qui se produit le premier, mais les deux
sont inséparables. On en conclut que cette pensée se
confond avec la matière. Cette conclusion est assez
logique, elle serait même acceptable, si on n'affirmait
de la matière que ce que l'on en connaît. Mais les
matérialistes dépassent les limites de leur savoir, et
même de la science humaine, lorsqu'après avoir défini

la matière par quelques propriétés physiques de l'être, ils prétendent avoir défini la substance même de l'être. Ils sont encore plus loin de cette substance que les spiritualistes qui, cependant ne se flattent pas de l'atteindre. La solidarité de la matière et de la pensée dans l'organisme permet sans doute d'attribuer à la matière et à la pensée une substance commune ; mais elle ne permet pas de regarder l'une des deux comme la substance de l'autre : la matière est encore moins apte à produire la pensée que la pensée à produire la matière.

Lucrèce qui n'est pas physiologiste et ignore où réside la pensée diffuse ou concentrée, sait du moins que la pensée revêt plusieurs formes, et il sent la nécessité d'attribuer la sensibilité et l'intelligence à des parties différentes de l'organisme. On comprend qu'il distribue la sensibilité dans tous les membres et qu'il tienne à douer le corps entier d'une certaine vie. Ce n'est pas à un matérialiste qu'il faut proposer de croire que la sensibilité de la main n'est dans la main qu'en apparence. Il se révolterait contre cette doctrine cartésienne, et il serait à craindre que la science moderne, d'accord avec le sens commun, ne lui donnât raison. Lucrèce pense donc que le tact est dans la main et que la vue est dans l'œil. Quoiqu'on ait pu juger ses arguments médiocres, il ne faut pas oublier qu'on en a trouvé d'autres depuis. Les observations abondent, et Lucrèce en mentionne déjà quelques-unes, qui prouvent que la vie est divisible et que chaque partie du corps en a sa part. Le spiritualisme serait bien en péril, s'il ne pouvait se sauver qu'en dépouillant le corps de toute vie propre et en faisant des facultés mentales le privilège exclusif de cette essence imaginaire qu'on appelle esprit. On peut donc laisser au corps cette pensée diffuse que lui attribue Lucrèce, à condition de ne pas oublier que dans le corps même la matière est un phénomène et non une substance.

Mais lorsqu'il s'agit d'expliquer la concentration de la pensée, Lucrèce est à la fois plus naïf, plus vrai et plus facile à réfuter que ses confrères de l'école moderne.

Il reconnaît avec candeur que la pensée, dans les actes intellectuels, ne se rattache à aucune forme étendue. Il en conclut, non pas qu'elle est incorporelle (ce serait trop demander à un Epicurien), mais qu'elle appartient à un corps extrêmement ténu, dont la matière échappe au sens le plus délié et à l'imagination la plus raffinée. C'est un impondérable (1); idée singulière qui est commune à notre poète et à beaucoup de spiritualistes. Lucrèce est donc sur la pente du spiritualisme, et s'il n'y arrive pas, c'est par une inconséquence ; c'est en résistant à la logique qui lui reproche de ne pas détacher complètement de la matière des phénomènes reconnus immatériels. Il est en effet pitoyable, pour expliquer la pensée, d'inventer une quatrième essence plus légère que l'air, le vent et le feu, comme si la pensée croissait ou décroissait en raison inverse des poids et des volumes; d'attribuer aux atomes pensants une rondeur parfaite, comme si l'on avait jamais entrevu un rapport entre la rondeur et la pensée; d'accumuler les atomes pensants autour

(1) Liv. III, 94.

du cœur, comme si la pensée avait l'apparence d'un domicile au milieu du corps. De nos jours, il faut en convenir, le matérialisme ne se livre pas ainsi à ses adversaires. On lui a signalé des relations précises entre les mouvements de certaines fibres cérébrales et les opérations de la pensée. Notre œil est une chambre noire vivante; au fond de notre oreille, il y a un clavier vivant, l'appareil de Corti, où des milliers de cordes vibrent à l'unisson de l'air extérieur, suivant les lois de l'acoustique; le phénomène externe se transforme en phénomène interne sous nos yeux. On supprime la parole, la mémoire, et toute une série de facultés par des lésions du système nerveux; on peut en quelque sorte démonter la pensée pièce à pièce; on commence même à faire jouer cette machine comme une autre. Il y a des siècles qu'on provoque les idées et les désirs par la parole; on commence à les provoquer par des moyens plus manifestement mécaniques, par des attouchements, par des courants électriques; on arrive même, ô scandale! à ranimer la pensée par l'infusion du sang dans la tête d'un décapité! Tels sont les faits dont le matérialisme se prévaut aujourd'hui. Tous ces faits ne sont pas également constatés; mais il est prudent de les accepter en bloc. Une philosophie qui se serait mise dans l'obligation de les rejeter n'aurait plus qu'une existence précaire : les faits contestés aujourd'hui peuvent être démontrés demain. Admettons donc, entre le cerveau et la pensée, cette concordance assidue d'activité et de repos, de santé et de maladie, qui est chaque jour mieux démontrée. Que doit-on en conclure? que la matière est la substance de la pensée? Il fau-

drait prouver d'abord qu'elle est une substance. Tout
ce qui est clairement démontré, c'est que le cerveau
est le rendez-vous de tous les agents qui contribuent à
la production de la connaissance. Là se concentrent
toutes les forces vitales. La substance de ces forces
nous est totalement inconnue. S'il fallait nous la
représenter d'une manière quelconque, l'idée de matière serait la moins capable de fixer notre choix. Car
nous cherchons un principe d'unité, et la matière est
divisible; un principe d'action, et la matière est
inerte. Les phénomènes physiques eux-mêmes récla-
ment un autre principe que la matière, à plus forte
raison la pensée qui, jusque dans ses relations avec
l'étendue, se sent indépendante de l'étendue, et jusque
dans ses variations, se sent une et indivisible. Si quelque objet de notre connaissance ressemble à une
substance, ce n'est pas la matière, c'est la pensée. Le
moment est donc encore loin, les matérialistes eux-
mêmes en conviennent, où les phénomènes de conscience se réduiront à des mouvements de la matière.
Il serait moins téméraire de prédire que la matière
fera retour à la pensée, ou du moins à une substance
dont la pensée est l'attribut permanent.

Entre l'intelligence, dont la substance échappe à
'imagination, et l'appareil massif qui porte seul le
nom de corps, Lucrèce place un intermédiaire, dont
l'unique emploi est de faciliter les communications.
Cet intermédiaire est l'âme, *anima*, répandue dans
tous les membres; cette âme est un corps vaporeux,
fait de feu, d'air et de vent. Lucrèce croit suffisamment justifier cette hypothèse, parce que les mourants
exhalent une certaine quantité de chaleur, d'air et de

vent. Cette âme transmet au corps l'impulsion de l'intelligence, qui a l'initiative du mouvement; c'est là
sa fonction principale; ajoutons qu'elle détermine les
caractères des espèces et des individus, suivant la
proportion observée dans le mélange de ses éléments;
un excès de feu rend belliqueux et fier; un excès de
vent (ou de froid) dispose à la poltronnerie; l'air est
le principe du calme et de la sérénité. Cette théorie
des tempéraments est fort naïve; mais on n'a jamais
bien expliqué le *moral* par le *physique*. De guerre
lasse, on a renversé les termes du problème, et la
question semble avoir fait des progrès : on ne déses-
père pas d'expliquer le physique par le moral.

Ce qui mérite une attention particulière, c'est la
solidarité que Lucrèce établit entre les trois parties
de l'être vivant : celles-ci naissent et se nourrissent
ensemble; elles ne peuvent vivre séparément. Certaines choses sont ainsi nécessaires les unes aux
autres; c'est une loi de la nature : « *certum ac disposi-
tum est ubi quidquid crescat et insit.* » Il n'y a rien
qui n'ait sa place fixe et unique, et qui, hors de cette
place, ne succombe. La mort détruit non seulement
l'association, mais encore chacun des associés. En
vertu de ce principe, qui est essentiel au matérialisme,
on condamne l'intelligence à partager le sort de l'âme
et du corps. Mais a-t-on suffisamment éclairci les
rapports de l'esprit et du corps? Tant qu'on ne saura
pas comment l'esprit se trouve uni au corps, il sera
téméraire d'affirmer que l'esprit ne peut vivre qu'à la
condition d'être avec le corps. Comment affirmer la
nécessité d'un lien que l'on ne connait pas? On pourra
raisonnablement admettre que l'initiative de l'esprit

dans les actes de l'association atteste une nature dis-
tincte, et la possibilité d'une existence indépendante.
Ici encore, l'équilibre entre les diverses hypothèses
métaphysiques est rompu au détriment du matérialisme.

Lucrèce, jaloux d'expliquer l'action de l'esprit sur
le corps par un mécanisme, assimile les grands mouvements produits dans l'organisme par une simple
pensée, aux effets des leviers, des treuils et des pou-
lies : c'est une explication d'apparence scientifique.
Mais il y a loin d'une volonté conçue à une vibration
du cerveau ; une vibration cérébrale n'est elle-même
qu'une fraction bien petite de l'effort accompli par le
bras qui soulève un fardeau ou porte un coup violent.
Entre la pensée conçue et la pensée accomplie, le fil
nous échappe deux fois : comment croire qu'il y ait
une seule et même série de phénomènes ? Il est plus
naturel de croire que le corps est une association de
forces, et que ces forces se décomposent ou se recom-
posent en groupes plus ou moins nombreux, suivant
la quantité et la nature du mouvement à produire.
C'est le privilège de la pensée d'obtenir, avec peu
d'effort, des effets considérables : il ne faut qu'un
geste à un général pour faire manœuvrer toutes les
parties de son armée.

XV

Le mécanisme de la pensée.

Le principe pensant formé de cette quatrième matière, *quarta natura*, impondérable et impalpable,

qui diffère si peu de l'esprit, est étudié fort sérieusement par Lucrèce.

Pour convertir la pensée en matière, il s'efforce de
ramener tous les phénomènes de conscience à des
impressions mécaniques. Mais toute son habileté
n'empêche pas cette conversion de paraître surpre-
nante. La méthode employée à toutes les époques
consiste invariablement à expliquer l'idée par la sensation, et la sensation par le conflit de deux corps
dont l'un est vivant. La sensation est la pensée par
excellence, la pensée concrète, dont tous les éléments
s'agitent à la fois dans un mélange assez confus. L'idée
est encore la pensée, mais affaiblie, telle qu'on la
trouve dans la mémoire et l'imagination; c'est la pensée qui s'éteint peu à peu, à mesure que l'ébranlement des nerfs s'apaise et que l'impression du choc
s'efface dans le cerveau.

Cette théorie se heurte à de graves objections.
D'abord on n'apprend pas sans surprise que l'idée est
la pensée à l'état faible, ou une sensation diminuée :
le contraire paraîtrait plus vraisemblable. Ensuite, il
est impossible de prouver que la sensation soit la
transformation d'une force physique. La sensation ne
résulte pas d'un conflit entre deux corps ordinaires,
mais de l'équilibre rompu dans un organisme vivant
par un choc extérieur. La sensation est l'effet non
d'un corps sur un autre corps, mais des forces physiques qui prennent l'apparence de corps, sur une
autre force, de nature particulière, qu'on appelle vie.
Le corps eût-il la réalité propre que nous lui prêtons
arbitrairement, ce n'est pas lui qui est ému dans la
sensation, c'est la vie. Ensuite, cette émotion est

nécessairement accompagnée d'une *perception* ou
connaissance, qui est au moins la connaissance de
soi-même : l'animal le plus infime qui se sent ému se
sait ému et prend au moins à ce moment conscience
de son existence. La connaissance peut, dans certains
cas, avoir les mêmes limites que la sensation,
mais elle est dès l'origine autre chose que la sensation. Aux degrés supérieurs de la vie animale, la
connaissance se prolonge après la sensation et permet
à chaque individu de rappeler et reconnaître ce qu'il
a déjà éprouvé. Par cette existence indépendante, la
connaissance se distingue elle-même de la sensation.
Qu'on l'appelle image, si l'on veut ; l'image est déjà
autre chose que la sensation affaiblie. Unie à la sensation dans le phénomène qui leur donne naissance à
l'une et à l'autre, elle survit à la sensation et se retrouve, longtemps après sa naissance, aussi nette et
aussi forte qu'au premier jour. Dans l'image, la pensée
ne reproduit pas la sensation, elle s'en affranchit, au
contraire, et s'élève d'un degré ; autant l'une est fugitive et variable, autant l'autre est durable et constante. Mais là ne s'arrête pas le progrès ou l'évolution
de la pensée. La connaissance, dans les animaux
supérieurs peut-être, et dans l'homme certainement,
dépasse l'imagination et revêt une forme particulière
qui est l'idée. L'idée est la connaissance simplifiée et
irréductible. Tandis que l'image d'une chose, d'un
livre, par exemple, se décompose toujours en parties
étendues, couverture, feuillets, lignes, etc., l'idée est
d'une simplicité parfaite. C'est le dernier progrès de
la pensée dans la création. L'idée est nécessaire à
l'intelligence dont l'image appesantirait les mouve-

ments. Ouvrons un livre et lisons une page : les notions les plus variées se succèdent rapidement, clairement et s'unissent sans effort : ce sont des idées. Il
n'en serait pas de même si chacun des mots, au lieu
d'éveiller une idée, nous apportait une image ; la page
la plus simple deviendrait un tableau surchargé de
détails à l'infini ; notre esprit serait bientôt hors d'état
de se reconnaître dans cette fantasmagorie et de se
mouvoir dans cet encombrement. L'idée succédant à
l'image est une nouvelle forme de la connaissance,
forme plus légère, plus maniable, plus immatérielle,
qui seule permet à l'homme cet immense développement intellectuel dont il a le privilège ici-bas. Deve-
nues idées, les connaissances se combinent sans
obscurité et forment des systèmes à la fois très clairs
et très compliqués, jugements, raisonnements, série
de raisonnements, compositions scientifiques et litté-
raires ; dépourvues de dimensions, les idées ne laissent pas d'avoir leurs limites précises, qui les empê-
chent de se confondre et permettent de les définir ;
dépourvues de mouvement, elles ne laissent pas de
se suivre, de s'appeler, de se ranger dans l'ordre que
la raison leur impose. Simples, elles forment des
groupes qui paraissent simples à leur tour ; elles
offrent, suivant les besoins, l'unité la mieux circons-
crite ou la variété la plus riche : pour qui n'admet
que les lois de la physique, les idées ont un mode
d'existence tout à fait paradoxal.

Ce caractère particulier de la connaissance, cette
manière d'être si immatérielle, qui pourtant nous
révèle l'étendue et tout le dehors, cette illumination
intérieure qui commence dans le trouble des sensa-

tions, mais qui continue et même s'accroit dans lo calme, avaient fait supposer aux anciens que l'intelligence était une substance particulière, quelque chose de divin et d'éternel qui s'ajoutait au corps et à l'âme dans l'espèce humaine et la mettait en dehors comme au-dessus du règne animal.

L'idée, il est vrai, évoque facilement l'image, et l'image à son tour, surtout dans certaines névroses, réveille la sensation. Entre les forces intellectuelles et les forces qu'on nomme physiques, la communication, parfois interrompue, est toujours possible. Mais les cas où elles fonctionnent séparément démontrent leur indépendance mutuelle, et les cas où elles fonctionnent de concert ne prouvent rien de plus qu'une certaine hiérarchie entre les parties constitutives d'un être animé. La conscience, seul témoin que l'on puisse consulter sur ces rapports des phénomènes internes, soit entre eux, soit avec les phénomènes externes, n'aperçoit nulle part des corps qui s'entre-choquent ou des surfaces qui se rapprochent.

Or, ce que la conscience n'aperçoit nulle part, le matérialiste croit le voir partout. Le principe de l'école a été formulé par Lucrèce : « Toute impression causée ou ressentie ne peut être que le résultat d'un contact entre deux corps. *Tangere enim et tangi, nisi corpus, nulla potest res.* » C'est en invoquant ce principe que Lucrèce entreprend l'explication de tous les phénomènes de conscience par le contact.

L'explication adoptée par le poète est des plus connues. Démocrite l'avait conçue, et Lucrèce ne pouvait la repousser, d'abord parce que, à cette époque, on n'avait rien de mieux, ensuite parce qu'elle intéressait singulièrement l'imagination. C'est la fameuse théorie des idées images.

Comment s'opère le contact entre la substance pensante et la substance pensée, entre le sujet et l'objet? Par le mouvement. Pour un matérialiste, aucune autre réponse n'est possible. Lucrèce sait bien que le mouvement n'est pas dans le sujet ; il est donc dans l'objet. Comment se meut l'objet, pour atteindre le sujet ? Ici intervient cette théorie des idées-images qui, frivole en apparence, revêt au moins dans Lucrèce un véritable caractère de grandeur, à la fois poétique et philosophique. Elle repose sur ce principe, épicur er. par excellence, que les atomes sont infinis en nombre, doués d'un mouvement éternel, et que les corps sont des unions passagères formées par des courants d'atomes qui se rencontrent sur un point de l'espace ; la rencontre amène un choc, un ralentissement momentané, et comme un embarras de circulation d'où résultent les corps. Nous nous laissons tromper par l'apparente immobilité que les corps offrent à nos regards ; nous croyons qu'ils durent tandis qu'ils se renouvellent sans cesse entre deux courants qui leur apportent ou leur enlèvent constamment une certaine quantité de matière. Le courant afférent (on ne voit pas bien pour quelle raison), est toujours imperceptible ; le courant efférent ne produit aucune impression sur le tact, sens relativement grossier; mais il ébranle les organes plus délicats de l'odorat, de l'ouïe et surtout de la vue. La vue, qui mérite seule de nous arrêter ici, perçoit l'image proprement dite ; cette image est la couche superficielle qui se détache sans cesse des corps en pellicules extrêmement ténues et forme des courants qui se répandent dans toutes les directions. Quand notre œil est traversé par un de ces courants, nous avons la perception de l'objet, perception continue et constante qui nous donne l'illusion de l'immobilité. Cette théorie des images visuelles qui était fort goûtée dans l'antiquité, avait quelques traits de ressemblance avec la vérité que nous connaissons ; elle préparait au moins l'esprit aux révélations de l'optique moderne ; elle permettait déjà d'expliquer assez heureusement quelques phénomènes ; évidemment dans cette partie de la science, l'imagination s'attendait à des surprises et ne reculait pas devant le merveilleux qui semblait inévitable. La théorie des idées-images est une de ces erreurs qui permettent de patienter en attendant la vérité.

Cette théorie de la vision, généralement adoptée dans toutes les écoles, avait, pour Lucrèce, l'avantage de contenir en germe une théorie matérialiste des idées. Les images, en effet, ne sont pas les idées, et Lucrèce sentait fort bien cette distinction importante. Suivant lui l'image est une impression produite sur l'œil, et l'idée une impression produite sur l'*esprit*. Or l'esprit, nous le savons, est cette matière non seulement imperceptible, mais encore inimaginable qui constitue la substance pensante.

Quel est donc le corps assez subtil pour pénétrer jusqu'à l'esprit, c'est-à-dire au centre de l'être vivant, sans se manifester aux autres parties de l'organisme ?

C'est encore l'image, mais l'image amincie par le mouvement, par les frottements et chocs qu'elle a subis dans l'espace, l'image réduite ainsi au-delà de

toute expression, et arrivée à une ténuité, à une sub-
tilité qui la rend invisible partout ailleurs que dans
l'esprit. Ces images usées rappellent d'assez près ces
vibrations cérébrales qui s'éteignent lentement dans
le cerveau, ces sensations également usées, dont les
matérialistes modernes voudraient faire la substance
des idées. Le seul progrès accompli sur ce point consiste à emprisonner sous la voûte cranienne ces petites
entités que Lucrèce fait poétiquement voltiger dans
l'espace. Lucrèce avait même mieux compris que les
modernes qu'il ne suffisait pas de subtiliser l'image,
et que, pour la percevoir dans cet état, il fallait mettre
dans le corps une substance extrêmement légère et
impressionnable : la conception de l'idée-image appe-
lait la conception de l'esprit, telle que nous la trouvons
dans le poème. Lucrèce avait été frappé d'un fait bien
avantageux pour le spiritualisme : c'est que l'activité
intellectuelle est toute différente de l'activité physique.
Obligé, par son système, de laisser quelque matière
dans l'idée et dans l'esprit, il en laissait du moins aussi
peu que possible. Il subtilisait pour échapper à la nécessité de spiritualiser.

Ces principes posés, Lucrèce résout heureusement
et en véritable psychologue, un des problèmes les plus
difficiles. Comment pensons-nous ? comment nos idées
peuvent-elles se succéder avec ordre, et s'enchaîner
en jugements, en raisonnements, en séries de raisonnements? Avec cet espace plein d'idées errantes, Lucrèce
semble plus loin que personne d'expliquer l'ordre de
nos opérations intellectuelles; il a augmenté les difficultés du problème, et cependant il en donne la véritable ou du moins la meilleure solution.

En effet, l'espace est plein d'images qui se sont détachées des objets. Il en reste des siècles passés, il y en a de tous les pays et de tous les mondes. Chaque objet a émis une infinité d'images, chaque image s'est produite à une infinité d'exemplaires. Sur tous les points de l'espace, tous les corps qui existent ou ont existé sont représentés par leur image entière ou réduite.

Chaque esprit est donc sans cesse en contact avec les images de tous les objets, et la pensée n'est qu'un effet mécanique, c'est-à-dire une vibration de la substance spirituelle au contact de l'image. Mais alors comment pensons-nous à une chose plutôt qu'à une autre ? comment ne pensons-nous pas à toutes les choses à la fois, puisque toutes les choses sont à fois présentes à notre esprit ? Lucrèce répond comme Malebranche. Cette rencontre est moins singulière qu'elle ne paraît. Malebranche fait communiquer l'esprit avec l'entendement divin qui est le lieu des idées ; Lucrèce fait communiquer l'esprit avec l'espace, qu'il regarde aussi comme le lieu des idées : de là, pour l'un et pour l'autre l'individualité des esprits est un problème qui se résout d'une seule manière, par l'attention. C'est l'attention qui choisit, dans la foule, les idées qui l'attirent ; elle remarque leurs rapports avec les idées voisines et élargit peu à peu le cercle de ses connaissances. La grande variété des esprits est suffisamment expliquée par plus ou moins d'aptitude à l'attention et par la nature particulière des courants d'idées qui ont été suivis. Pour Lucrèce, comme pour Malebranche, le rôle de l'intelligence dans l'étude est purement contemplatif. Mais la contemplation n'est pas un état d'immobilité passive. Pour tenir l'esprit arrêté sur une idée ou sur une série d'idées, il faut un effort de la volonté ; cet effort constitue la difficulté et le mérite de la contemplation.

Malebranche et Lucrèce se rencontrent, suivant toute apparence, dans la vérité ou fort près de la vérité. Sans doute, il faut faire à cette doctrine quelques corrections de détail ; mais le rôle prépondérant de l'attention dans notre développement intellectuel est un fait évident, et d'une importance capitale. Notre esprit communique de proche en proche avec toutes les idées ; l'attention qui se fixe sur une idée s'étend par le même effort à une infinité d'autres ; l'idée centrale qui s'appelle moi, rayonne autour d'elle, sans sortir d'elle-même ; elle a beau s'agrandir par l'acquisition de nouvelles idées ; jamais elle ne se sent sur le terrain d'autrui ; jamais elle ne se sent hors de sa propre substance ; elle se reconnaît dans tout ce qu'elle connait : la science n'est que la conscience élargie.

XVII

Impuissance du matérialisme à rendre compte de la pensée.

On ne peut guère approfondir le problème de la pensée sans s'éloigner à la fois du matérialisme, et de ce demi spiritualisme qui admet deux substances distinctes : l'esprit et la matière.

Aux matérialistes, on demande comment le conflit de deux corps, l'un objet, l'autre sujet, peut produire sur l'un des deux, le sujet, autre chose qu'un déplacement de molécules ; car ce déplacement paraît la seule conséquence nécessaire de ce conflit. La naissance d'une sensation ou d'une idée est un phénomène tout nouveau, dont le choc peut être l'occasion, mais non la cause. A cette question, les matérialistes se reconnaissent incapables de répondre.

D'autre part, si on admet deux substances comme la matière et l'esprit, douées d'attributs opposés et incompatibles, comment les mouvements du corps font-ils naître des idées dans les âmes ? dans quel but ces substances indifférentes l'une à l'autre se trouvent-elles associées ? A une question *comment*, qui devient plus embarrassante que jamais, s'ajoute une question *pourquoi*, dont on ne peut pas même entrevoir la solution. Le dieu de Leibnitz et de Malebranche intervenant, comme un machiniste invisible, pour régler les mouvements des corps sur les pensées des âmes, aurait été désapprouvé par Descartes qui ne voulait pas d'un dieu trompeur, ou tout au moins responsable de nos erreurs. Cette hypothèse sourit, au contraire, à Berkeley et à Fichte qui regardent tous les phénomènes extérieurs comme de pures illusions. Le sens commun soutient contre Berkeley et Fichte que l'objet est réel ; contre Descartes, que l'âme participe à l'étendue du corps ; contre Malebranche, Berkeley et Leibnitz que notre volonté agit immédiatement sur nos membres et reçoit directement l'impulsion des objets. Nécessaires pour réunir le corps et l'âme quand on les a complètement séparés par des définitions métaphysiques, ces hypothèses sont également repoussées par le bon sens qui n'admet pas un abîme entre le corps et l'âme.

Pourquoi d'ailleurs ces deux substances, la matière et

l'esprit, si elles étaient, comme on le dit, parfaitement
différentes et même opposées, seraient-elles unies
dans le corps vivant ? de quelle utilité peut être pour
l'esprit qui pense, le voisinage de la matière qui fer-
mente? on suppose deux ordres de phénomènes qui
n'ont rien de commun, et l'on veut qu'ils soient associés, dans ce cas particulier, sans nécessité, sans
utilité visible. Qu'a-t-on fait de l'intelligence et de la
sagesse du Créateur ?

La matière et l'esprit seraient restés éternellement
séparés s'ils étaient substantiellement distincts. Leur
union certaine proteste contre cette distinction arbitraire. On ne voit pas d'ailleurs pourquoi la sagesse
éternelle ayant accompli ou seulement projeté la création de l'esprit, aurait jugé convenable d'y ajouter la
matière. L'esprit, d'après la définition, accapare toutes
les propriétés qui donnent du prix à l'existence ; la
matière, avec ses propriétés physiques, les seules que
lui laisse la même définition, n'a plus aucune valeur,
parce qu'elle n'a plus de conscience ; elle ne mérite-
rait pas l'honneur d'être créée. Le problème de la philosophie n'est pas d'expliquer pourquoi il y a quelque
chose qui pense, mais pourquoi il y a quelque chose
qui ne pense pas, ou plutôt sous quelle forme et à quel
degré la pensée existe dans tout ce qui prend à nos
yeux l'apparence inerte de la matière.

Lucrèce est persuadé que le conflit de deux corps,
sujet et objet, suffit pour expliquer la sensation et l'idée.
Il ne soupçonne pas la difficulté du problème qu'il suppose résolu.

Il ne voit pas que l'effet d'un choc se borne naturellement à déplacer des molécules et qu'il faut quel-

que chose de plus pour expliquer la pensée qui se
manifeste dans le sujet. « Il n'y a que les corps, dit-il,
qui puissent toucher et être touchés. » Cette proposition, dont les matérialistes font un axiome, ne contient que la moitié de la vérité. Pour toucher, il suffit
d'être un corps; mais pour être touché, pour éprouver tous les effets du contact et réagir contre le choc,
il faut être un corps et quelque chose de plus : ce
que la vie ajoute à la matière constitue une forme
supérieure de l'existence qui réunit les attributs du
corps à des attributs plus élevés. Il faut tenir compte
de nouveaux phénomènes qu'on n'expliquerait plus
par les lois, jusque-là suffisantes, de la physique.

Lucrèce insiste avec raison sur les phénomènes
lumineux; il n'y en a point qui nous présentent tant
de ressemblance entre les faits externes et les états
internes. Là, semble-t-il, le monde physique et le
monde psychologique se rapprochent au point de se
confondre : l'image gravée sur la rétine est exactement semblable à l'objet perçu dans la vision. Une
analogie du même genre se manifeste entre les vibrations des fibres auditives et les perceptions de l'ouïe.
L'image et la vibration deviennent donc vivantes dans
la vue et dans le son. On peut entrevoir une ressemblance de plus en plus vague, mais toujours réelle
entre les autres sensations et leurs objets; Lucrèce
explique convenablement les sensations sourdes par
des mouvements lents qui s'opèrent dans l'organisme,
et les sensations aiguës par les mouvements rapides.
Mais il ne faut pas exagérer ces ressemblances. En
réalité, nous comparons des impressions psychologiques entre elles et non des impressions physiques à

des impressions psychologiques. L'observateur qui regarderait du dehors au fond de ma rétine y verrait sans doute la même image que moi, mais il la verrait comme moi, par la conscience ; il la verrait, j'en conviens, par l'intermédiaire de deux rétines au lieu d'une seule ; mais cette dernière différence ne change pas le caractère fondamental de la vision. On ne peut donc pas se flatter, ici plus qu'ailleurs, de prendre la nature sur le fait, au moment où elle transforme une impression physique en impression psychologique.

Mais le spiritualisme, s'il veut complètement triompher du matérialisme, doit vaincre sa répugnance invétérée pour la conception *moniste*, qui donne à son adversaire de sérieux avantages. Il paraît en effet légitime d'attribuer une même substance aux phénomènes internes et externes. Le fonctionnement parallèle, l'activité proportionnelle de la pensée et du mouvement dans les organismes, indique autre chose que la juxtaposition de deux substances distinctes, réglées l'une sur l'autre par la volonté arbitraire d'un habile ingénieur en quête de difficultés. Elle indique une origine commune située au-dessous de la conscience, dans ces profondeurs où l'être continue à se concentrer, et infiniment loin de ces régions superficielles où l'être revêtant la forme de matière et se divisant de plus en plus, semble aspirer au néant, et accuser de folie ceux qui cherchent dans cette direction la réalité par excellence.

XVIII

Sincérité et faiblesse de Lucrèce en morale.

Il y a peu de morale dans Lucrèce, et il ne faut pas
s'en étonner; car les matérialistes évitent la morale
autant que possible. Les plus honnêtes d'entre eux
ont eu recours aux détours les plus ingénieux pour
ramener le devoir dans leur doctrine. Mais toute morale s'appuie nécessairement sur une *autorité*, c'est-
à-dire sur une puissance dont les ordres obligent et
ne contraignent pas; or la nature ne peut produire
que la force, c'est-à-dire le contraire de l'autorité. Le
matérialisme conséquent doit faire du bonheur ou du
bien-être le but unique de la vie. Quoiqu'il n'exclue
pas nécessairement les jouissances de l'intelligence
et du cœur, il doit considérer les sens comme la
source principale des joies terrestres : c'est au moins
la plus abondante et la plus accessible à tous les mortels. Les satisfactions morales manquent de fondement solide en ce monde; elles ne deviennent ration-
nelles qu'en se rattachant à un principe que la nature
ne fournit pas; lors même qu'elles sont goûtées sur
la terre, elles ne sont pas terrestres, elles ont leur
origine plus haut. Il est enfin probable que le matérialisme, pris à la lettre, tarirait une à une toutes les
sources de joie qui ne viennent pas des sens. S'il
soumettait à sa critique toutes nos affections et tous
nos devoirs, tous les goûts élevés et tous les mouvements généreux de l'âme, il n'en laisserait sans doute
guère subsister. Il convaincrait facilement d'absurdité

et d'outrecuidance les actions qui n'auraient pas pour
principe l'égoïsme. N'a-t-il pas déjà qualifié d'immo-
rales les aspirations qui ne peuvent pas être satisfaites
ici-bas? Il ne lui reste plus qu'à proclamer légitimes
les convoitises de nos appétits.

Il reste au matérialisme une ressource : c'est d'op-
poser à l'égoïsme l'instinct social, ou, comme on
l'appelle scientifiquement, l'altruisme. Le bonheur de
tous est nécessaire au bien-être de chacun; l'individu
ne peut s'isoler de la société. Malheureusement, ici,
le matérialisme, si dédaigneux pour les rêveries, se
paie lui-même de mots. L'instinct social est la plus
haute faculté du règne animal; dans la fourmi et dans
l'abeille, par exemple, il n'a au-dessus de lui aucune
autre faculté dont il subisse le contrôle. Il n'en est pas
de même dans notre espèce. Nous sommes maîtres de
nos instincts, libres de leur résister ou de leur obéir,
et responsables des actes que nous accomplissons sous
leur influence. Nous avons en effet une faculté, la
raison, qui les domine tous et qui fait plier les plus
rebelles. L'homme peut se laisser mourir de faim,
quoiqu'il ait, comme les animaux, l'instinct de se
nourrir; l'homme peut se tuer, quoiqu'il ait, comme
les animaux, horreur de la mort. L'instinct social,
étant admis qu'il existe, ne nous oblige même pas à
vivre en société, encore moins à vivre pour la société.
Nous comptons parmi nous non seulement des soli-
taires, qui sont innocents, mais encore des égoïstes
et des criminels qui sont une plaie pour l'humanité
tout entière; il n'y a point d'égoïstes ni de criminels,
au moins que l'on sache, parmi les fourmis et les
abeilles. L'instinct social n'est donc pas une garantie

sérieuse, parce que l'homme obéit à ses instincts autant et aussi peu qu'il lui plaît; il réussit même, quand il le veut énergiquement, à les anéantir.

Lucrèce a parfaitement senti la faiblesse morale du matérialisme, et il n'a fait aucun effort pour y porter remède. Il faut l'en louer et l'en plaindre. Il ne peut rien admirer ni haïr vigoureusement; crime ou vertu, tout devient petit à ses yeux, le crime parce qu'il n'est qu'une erreur de calcul, et la vertu parce qu'elle n'est qu'un effort présomptueux. Il faisait consister la véritable sagesse dans l'art de mesurer ses désirs sur ses moyens; on ne voit pas comment il aurait refusé son approbation à un scélérat heureux. Ne voulant pas conseiller le mal, il n'allait pas jusqu'à conseiller le bien; il conseillait le repos d'esprit, c'est-à-dire le dédain de tout ce qui passionne les bons comme les méchants. On sait quel remède il propose pour les souffrances de l'amour (1); Ovide a dû le lui emprunter, à moins qu'un reste de pudeur ne l'ait fait reculer. Il classe le remords parmi les maux dont la sottise humaine est responsable. Il détourne de tout ce qui est grand et s'applique à rendre la médiocrité attrayante. *Aurea mediocritas*, dira un de ses disciples. Félicitons-nous de ce qu'il a été, comme Horace, inconséquent en poésie.

La logique permet aux matérialistes de nier simplement l'immortalité de l'âme. La prudence oblige les spiritualistes à beaucoup de réserve et de modestie sur cette question. La raison maintient énergiquement le principe, mais elle refuse de préciser les détails de

(1) Liv. IV, 1058.

l'application. Appelés par privilège à connaître et à faire le bien ici-bas, nous entrons, dès ce monde, dans la vie divine ; nous ne savons pas comment Dieu nous rapprochera ou nous éloignera de lui, suivant nos mérites ; nous croyons fort raisonnablement que notre existence, déjà surnaturelle, ne sera pas limitée par les lois ordinaires de la nature.

Mais ce qu'il y a de singulier, dans Lucrèce, c'est la joie qu'il trouve à démontrer que l'âme est mortelle ; c'est la conviction naïve et sincère qu'il nous rend ainsi un service signalé. Il songe uniquement aux soucis, aux craintes et aux remords dont il nous délivre, et non aux espérances dont il nous dépouille. Nous ne pouvons goûter cette joie, et les meilleurs d'entre les païens n'y réussissaient guère mieux que nous : Cicéron en est la preuve. Nous mettons au nombre de nos biens les plus précieux ces désirs vagues, ces espérances et jusqu'à ces remords que Lucrèce essaie de nous ôter. C'est par là, croyons-nous, que nous valons quelque chose, et que nous communiquons avec la source de tout bien. Si jamais le matérialisme, invinciblement démontré, bornait notre horizon aux limites de cette vie, et nous séparait rigoureusement de l'infini, l'honnête homme se résignerait avec douleur et les criminels eux-mêmes auraient quelque chose à regretter; personne ne songerait à se réjouir. C'est en vain qu'un philosophe nous offrirait, comme dédommagement, le plaisir. Le plaisir, où nous aimons à nous reposer sur le chemin qui mène au bien, nous paraîtrait fade et indigne de nos efforts, quand il nous serait défendu de regarder et d'aspirer plus haut.

Il y a cependant une vertu que Lucrèce a bien en-

seignée, c'est le mépris de la mort, vertu équivoque
d'ailleurs, et qui s'associe tout aussi bien à l'égoïsme
qu'au dévouement. Lucrèce nous rappelle fort sage-
ment qu'après la mort nous serons ce que nous étions
avant de naître. Le néant ne nous est pas inconnu ;
c'est notre état le plus habituel, et nous n'en gardons
aucun mauvais souvenir. La vie, au contraire, a bien
des douleurs ; et prolongée trop longtemps, elle deviendrait bientôt un supplice : « C'est toujours la même
chose ! » *Eadem sunt omnia semper !* mot profond,
qui mérite d'être relevé, et qui est peut-être un trait
de lumière. On lit dans la Bible que Dieu au moment
où il privait l'homme de sa présence, lui annonça qu'il
mourrait. L'homme, dans le monde tel qu'il était devenu,
aurait été bien plus à plaindre, si Dieu, au lieu de lui
dire : « Tu mourras, » lui avait dit : « Tu ne mourras
pas ; » tu vivras éternellement, avec ta soif de l'infini,
dans cet horizon étroit, avec ta soif du parfait, au milieu de ces misères, avec ton amour du changement,
dans cette uniformité. La pensée d'une éternité sur la
terre fait frémir ; Lucrèce a raison de préférer le néant.
Mais on a raison aussi d'en conclure que l'homme est
fait pour un autre séjour et que la mort le rapproche
de sa patrie définitive.

Lucrèce, à la fin du livre III, expose éloquemment
les considérations qui doivent nous consoler de mourir. La nature, qu'il fait parler, gourmande tour à tour
un vieillard qui ne peut se résoudre à quitter un monde
dont il ne jouit plus, et un riche patricien, qui n'est pas
rassasié de voluptés. La nature confond sans peine ces
hommes qui ne vivent que pour le plaisir ; il faut être
en effet bien lâche, pour ne pas rompre aisément des

liens si légers. Mais avec le devoir, tout change d'aspect ; la vie devient chose sérieuse, et la mort chose très sérieuse. Des affections rompues, une tâche inachevée, attristent légitimement le trépas de l'honnête homme. Lucrèce ose citer cet honnête homme à son tribunal ; il résume ses plaintes en vers admirables. Mais comment lui répond-il ? par un témoignage de compassion impuissante « malheureux ! ô malheureux ! », ou par une consolation inacceptable : « La douleur sera pour ceux qui te survivront ; toi, tu ne sentiras plus rien. » Or, ce mourant si mal consolé est précisément l'homme ordinaire, le père de famille qui travaille et se dévoue. Le philosophe qui, incapable d'expliquer la mort à l'honnête homme, balbutiait ainsi ou restait court en présence du cas le plus ordinaire, ne pouvait se flatter de connaître le secret de notre destinée.

Tout ce qui naît meurt : telle est la loi fondamentale du matérialisme. On pourrait dire qu'elle n'a rien de nécessaire, et suppose plutôt qu'elle n'exclut l'action d'une volonté arbitraire, tour à tour créatrice et destructive. La mort ne frappe pas seulement de chétives créatures, comme les hommes ; elle atteint aussi les mondes. Lucrèce aperçoit déjà des signes de vieillesse dans la terre ; il ne serait pas surpris d'assister à son écroulement, et peu s'en faut qu'il ne prie les dieux d'écarter cette catastrophe (1).

La science moderne démontre, en effet, que les mondes se dissolvent en vertu des mêmes lois qui les ont formés ; l'espace est semé de débris, bolides, aéro-

_____

(1) Liv. I, 1144. V, 108.

lithes et petites planètes, il y a des astres naissants, il
y en a qui touchent à leur fin. Les anciens soupçon-
naient ce qu'on observe aujourd'hui. Les matérialistes
et Lucrèce entre autres, ont tiré parti des faits soup-
çonnés ou observés, pour corriger un défaut de leur
système ; les mondes qui rentrent dans le chaos, rendent la liberté à des quantités considérables de force et
de mouvement, qui se remettent aussitôt à créer. Le
principe que tout naît pour mourir est complété par
cet autre que tout meurt pour renaître. Les matérialistes, ne comptant qu'à demi sur l'infinité numérique
des atomes, renouvellent la provision de matière et de
mouvement disponibles par des dissolutions inces-
santes. Mais cette action, créatrice jusque dans la destruction, est-elle nécessairement aveugle ? n'est-elle
pas digne d'une intelligence divine ? Une seule loi qui
produit deux résultats contraires, ne résout-elle pas
le plus compliqué des problèmes, ne proclame-t-elle
pas la puissance capable de réaliser le plus d'*effet
par le moins d'action*? Mais pourquoi Dieu détruit-il
les mondes ? Nous l'ignorons. Dieu a imprimé un
caractère périssable à toutes ses créatures, même aux
plus durables, les étoiles : il s'est réservé le privilège
d'être éternel et immuable. Ces catastrophes dont le
ciel est le théâtre nous avertissent au moins que le ciel
n'est pas dieu ; l'avertissement ne fut pas toujours inutile. Que de fois, en effet, l'homme a cherché son Dieu
dans le ciel !

Si tout meurt pour renaître, l'âme humaine, comme
toute autre créature, peut profiter de cette loi. Lucrèce nous autorise à penser que les atomes dont se
composent notre esprit et notre corps pourront un

jour se retrouver ensemble. Comme tout est possible
un nombre de fois infini, ces résurrections successives produiront à la longue une somme de jours
incalculable : voilà l'immortalité que nous rend Lucrèce, et il s'empresse de nous dire que nous n'y
gagnons rien; une fois les souvenirs interrompus, la
personne est détruite ; or nous souhaitons l'immortalité, non de notre substance, mais de notre personne.

Cependant, nous semble-t-il, la mémoire ne constitue pas toute la personne. Nous ne voyons pas, en
effet, que, dans la société, la valeur des personnes soit
en raison directe de leur mémoire. Notre personne
est plutôt la substance de notre moi, modifiée, sous
l'influence de notre volonté, par les circonstances
extérieures : nos aptitudes et nos goûts la caracté-
risent beaucoup mieux que nos souvenirs. Nous avons
oublié la plupart des événements de notre vie, nous
pourrions les avoir oubliés tous, sans cesser d'être
nous. Les faits les plus complètement oubliés, tout
aussi bien que les plus récents et les mieux gravés
dans notre mémoire, ont contribué à nous faire ce que
nous sommes. Notre personne est donc complètement
indépendante de nos souvenirs; elle peut leur sur-
vivre dès cette vie, à plus forte raison, hors de cette
vie.

Les matérialistes ont tout intérêt à faire de la mémoire la condition de la personnalité. Quoi de plus
fragile, en effet, que la mémoire, et par conséquent,
que la personne, si celle-ci est identique ou seulement
proportionnelle à celle-là ! La mémoire ne peut se
flatter de subir impunément la grande crise de la

mort, quand elle traverse si péniblement, affaiblie et mutilée, les petits accidents de la vie. Une maladie, une lésion du cerveau, un changement de climat mettent donc en péril notre personnalité. Il y a enfin les cas de dédoublement, d'hallucination, d'aliénation mentale. Nous sommes à peine sûrs d'être nous jusqu'à notre mort ; nous mourons, à la lettre, plusieurs fois de notre vivant, et nous osons parler d'immortalité !

Il faut reconnaître que notre personnalité serait bien peu solide, si elle n'avait de fondement que la mémoire et si elle était exposée à tous les périls dont la mémoire est menacée, à tant de pertes de détail pendant la vie, puis à la destruction finale au moment de la mort. Heureusement, notre personnalité est une empreinte profonde, gravée dans la substance même de notre moi. Nous pourrions donc nous intéresser à cette immortalité éventuelle que nous offre Lucrèce. Mais l'immortalité n'a pas son prix en elle-même ; elle n'est attrayante qu'avec l'espoir d'un progrès vers le bien et d'un commerce plus familier avec la perfection suprême. Dans un monde sans Dieu, nous partagerions le dédain et même l'horreur de Lucrèce pour l'immortalité de l'âme.

XIX

La foi philosophique.

Nous n'avons pas prétendu réfuter le matérialisme, ni démontrer le spiritualisme. Nous aurions voulu montrer combien leur antagonisme est sérieux, et quelles raisons permettent, selon nous, de se prononcer pour le spiritualisme. Le supplément de foi que ce dernier demande est moins considérable et coûte moins à la raison. L'observation et la réflexion faisaient pencher la balance en sa faveur, dès l'antiquité; la science moderne, qui a jeté des poids dans les deux plateaux, n'a pas rétabli l'équilibre, encore moins déplacé la prépondérance. Quoiqu'on annonce la ruine prochaine des vieilles doctrines, il est encore, il est plus que jamais raisonnable de croire à ces propositions traditionnelles, que l'humanité répète depuis son enfance : Il y a un Dieu, c'est-à-dire, la cause première, douée de volonté et d'intelligence, est une personne ; il y a une loi morale, c'est-à-dire, l'autorité qui commande le bien est au-dessus de la nature ; l'homme a une âme, c'est-à-dire, nous vivons dans d'autres conditions et pour un autre but que les animaux. L'essentiel du spiritualisme est contenu dans ces quelques propositions. Que maintenant Dieu soit consubstantiel au monde ou distinct du monde, que notre individualité soit absolue ou relative, ce sont là des questions secondaires et dont la solution, quelle qu'elle soit, n'ébranle pas les principes communs à toutes les sectes de l'école spiritualiste.

Le matérialisme nous a paru insuffisant pour résoudre le problème de la création. Le monde organisé sans intelligence ne s'explique que par une série d'heureuses rencontres et par une véritable succession de miracles. Nous aimons mieux n'admettre qu'un miracle à l'origine; au besoin, nous saurions nous en passer. Le monde sort naturellement de la

substance éternelle, « parce qu'elle est bonne; » la
bonté en Dieu a pour effet nécessaire la création hors
de Dieu. D'ailleurs l'homme, avec ses besoins moraux, serait une anomalie, nous dirions volontiers un
monstre, dans un monde où il n'y aurait que des lois
physiques. Le spiritualisme, au contraire, marque
aisément la place de l'homme dans le monde.

En résumé, il manque au spiritualisme, pour satis-
faire complètement l'esprit, une preuve sans réplique,
c'est-à-dire une preuve expérimentale. Il nous laisse
dans la situation où étaient avant Kepler, Galilée et
Newton, les hommes qui assuraient que la terre tour-
nait autour du soleil et que la pesanteur était la loi de
l'univers. L'expérience leur a donné raison depuis.
Les spiritualistes vivent aussi dans l'attente d'une
expérience qui ne se réalise pas ici-bas, au moins
régulièrement. Mais il leur est permis de penser qu'ils
ont raison. Des analogies nombreuses les autorisent à
persévérer dans leur foi. L'observation journalière
nous apprend que l'ordre et le progrès sont obtenus
par l'intelligence et la volonté.

Le matérialisme, en soutenant que la création est
l'effet d'un mécanisme aveugle, fait aussi une hypothèse, mais une de ces hypothèses que ne légitime
aucune analogie. Il a sans doute l'avantage, en identi-
fiant la nature et la cause première, de supprimer
toute existence métaphysique et de ne pas nous laisser,
dans ses conclusions, en présence d'une hypothèse à
vérifier. Mais la nature, réduite à elle-même, n'est
pas un être complet, ni un tout qui se suffise. Ce
n'est pour ainsi dire qu'une fraction dont le complément est à trouver. Ce complément, semble-t-il, est

précisément l'intelligence et la volonté que le spiritualisme ajoute à cette fraction pour achever l'unité. L'hypothèse d'un créateur est une induction légitime : l'esprit qui s'y refuse résiste à la logique qui la commande. Ajoutons qu'il résiste aussi au cœur, c'est-à-dire aux mouvements instinctifs de l'âme, à ces aspirations qui attestent, dans l'ordre moral, une sorte d'attraction vers un centre universel.

Sans doute, la difficulté, dans le spiritualisme comme dans le matérialisme, est de croire quelque chose qui n'est pas invinciblement démontré par l'expérience. Mais la difficulté est plus grande dans le matérialisme, qui explique moins bien les phénomènes d'ordre physique et physiologique, et qui n'explique pas du tout les phénomènes d'ordre moral. Pourquoi ces derniers phénomènes auraient-ils, moins que les autres, le caractère de faits positifs?

De nos jours, par les soins des plus nobles esprits, le matérialisme s'est corrigé de son irréligion séculaire en se rapprochant de ce panthéisme qui met la perfection non pas au commencement, mais au terme du développement universel; la nature est comme un travail de Dieu, et Dieu est la somme future de toutes les forces et de toutes les pensées qui cherchent à se concentrer dans une seule puissance et dans une seule conscience. Ce n'est plus le véritable et pur matérialisme, c'est le spiritualisme à rebours. On ressuscite l'Être parfait; on lui rend le gouvernement du monde. Mais cette perfection qui agit, à l'état d'idéal, nous paraît compter parmi les conceptions les plus chimériques de l'esprit humain. Dieu agirait donc avant d'exister, c'est-à-dire sans exister! Jamais peut-être

on n'a élevé si haut la prérogative divine. Il faut avoir
un grand besoin de Dieu pour aller le chercher dans
l'avenir infini. Et pourquoi dans l'avenir plutôt que
dans le passé? Si Dieu était réalisable, ne serait-il pas
réalisé? L'éternité sera-t-elle jamais plus près de sa
fin qu'aujourd'hui? Il était beaucoup plus simple de
conserver le principe de l'ordre à l'origine des choses,
puisque l'on ne pouvait s'en passer. La création de la
nature par Dieu sera toujours beaucoup plus vraisemblable que la création de Dieu par la nature. Mais
cette doctrine même est un retour clandestin vers le
spiritualisme. Elle rétablit quelque relation entre
Dieu et la nature; elle répond au vœu impérieux de la
raison qui ne comprend pas la nature sans l'intelligence. Dieu, transformé de cause première en cause
finale, est sans doute bien inattendu dans un système
qui ne nous avait pas préparés à l'apothéose des
causes finales. Mais il est encore quelque chose, et sa
présence idéale dissimule un peu le vide qui résulte
de son absence réelle. Il est dans une certaine mesure
retrouvé; on parle de lui, que dis je, on l'aime, on le
prie, on lui rend grâce, comme s'il était réel. Le sentiment religieux, que les âmes les plus nobles ne peuvent étouffer, se console avec ce fantôme. On évite
ainsi l'immoralité ou la morale inconséquente du matérialisme correct. Mais c'est à ce dernier que la
logique et le bon sens ramèneront toujours les esprits
résolus, comme Lucrèce, ou cette foule d'esprits simples qui apprécient peu les finesses et ne savent pas
glisser avec grâce entre l'affirmation et la négation.

Sans doute, le spiritualisme n'atteint pas à la certitude; mais il réunit plus de vraisemblances que le

matérialisme. Il ne dispense pas de la foi, mais il la facilite, en lui donnant un principe rationnel. La foi, assurément, est un état inférieur de l'esprit, si on la compare à la science; mais si l'on considère qu'elle se complète avec le cœur, qu'elle se fortifie par le sentiment, qu'elle trempe les caractères, enfin qu'elle seule permet le désintéressement à la vertu, aussitôt elle acquiert une valeur que la science n'aura jamais. Ce qu'on y trouve d'incertitude est justement ce qui en fait la saveur et le prix. La foi cependant a souvent cherché à se rapprocher de la science et à se fortifier par des arguments d'ordre expérimental ou historique; elle a créé dans ce but les religions traditionnelles. Mais les religions traditionnelles elles-mêmes n'ont pas changé la condition de l'esprit humain; elles donnent à la foi une autre méthode et d'autres preuves; elles n'arrivent pas à la certitude. A une époque où les traditions religieuses sont aux prises avec la critique, il est permis de se demander ce qui resterait du spiritualisme, si ces traditions venaient à succomber. Nous croyons qu'il en resterait assez pour servir de fondement à une morale sévère et à une religion volontairement tolérante.

TABLE

~~~~~~

IMPRIMERIE DARANTIERE, RUE CHABOT-CHARNY, 65